U0902139

上海财经大学出版社
SHANGHAI UNIVERSITY OF FINANCE & ECONOMICS PRESS

高式太极拳

高德华　编著

图书在版编目（CIP）数据

高式太极拳/高德华编著.—上海：上海财经大学出版社，2017.4
ISBN 978-7-5642-2681-7/F.2681

Ⅰ.①高… Ⅱ.①高… Ⅲ.①太极拳－基本知识 Ⅳ.①G852.11

中国版本图书馆CIP数据核字（2017）第035980号

□ 责任编辑 温 涌
□ 封面设计 众拓新创

GAO SHI TAI JI QUAN
高 式 太 极 拳

高德华编著

上海财经大学出版社出版发行
（上海市武东路321号乙 邮编 200434）
网 址：http://www.sufep.com
电子邮箱：webmaster @ sufep.com
全国新华书店经销
三河市海新印务有限公司
2017年4月第1版 2017年4月第1次印刷

787mm×1092mm 1/16 14 印张 192 千字
定价：35.00元

太极拳是中国传统武术的一个种类，是中国优秀的传统文化，是中国屹立数千年而依旧辉煌的根基所在。太极拳的内涵十分丰富，对宇宙起源、万物存在的规律、人与社会相互依存的真谛都有精准阐述，充满哲理。太极拳是正心之念、修身之理、启智之源、养生之本、健身之法、防身之功，是世界上唯一能将气功、武术、体操、哲学、文化、技击、健身等融为一体的高级运动形式，其文明价值不言而喻。

1966 年，毛泽东主席提出：“凡能做到的，都要提倡，做体操、打球类、跑跑步、爬山、游水、打太极拳及各种各色的体育运动。”1959 年，周恩来总理在会见日本友人松村谦三时说：“太极拳是中国的一种优秀的传统文化，内涵十分丰富，充满哲理，与中国传统医学有着血缘关系。学练太极拳是一项很好的健身运动，可以强身健体，可以防身自卫，也可以陶冶情操，是一种美的享受，还可以给人们生活带来无限情趣和幸福，可以延年益寿。”1978 年 11 月 16 日，邓小平应来华访问的日本友人三宅正一之请，写下了“太极拳好”的题词。

中共中央政治局 2016 年 8 月 26 日召开会议，审议通过《“健康中国 2030”规划纲要》。中共中央总书记习近平主持会议。《“健康中国

2030”规划纲要》是为推进健康中国建设、提高人民健康水平，根据党的十八届五中全会战略部署制定，由中共中央、国务院于2016年10月25日印发并实施。

《“健康中国2030”规划纲要》共分八篇二十九章，其中，第一篇第六章第二节特别提到：扶持推广太极拳、健身气功等民族民俗民间传统运动项目。

中国的大学生是国家的栋梁、未来的希望，是世界文明的领跑者。其每一个学子身上无不打上了中国特色的烙印。太极拳的思想和哲理、太极拳的真知与文明已经在中国的高校逐渐汇聚成一种新的发展潮流和趋势，进而影响着世界。

本书以“高”字为头命名，其缘由如下：一是本教材的创编与中国传统道家理论《道德经》“高位对接”；也就是说，此教材理论来源于老子的《道德经》。二是本教材的创编突出了学生易学易练、健身效果明显的“高效性”。三是本教材是根据“高校”教学目标、学生特点、教学模式而创编的专业性太极拳教材。四是创编本教材，我本人也姓“高”。鉴于以上四个原因，所以本书命名为《高式太极拳》。

高校的太极拳教学已不仅仅是一种武术运动形式，它更是传递我国传统文化文明成果的摇篮。它正在影响和引导着世界人民的思想观念和行为规范，它的强大已经和世界融为一体。学练太极拳已经成为世界的时尚和潮流，是世界文明的符号。

本书的编纂希望能为高校学生正确学习太极拳做一个铺垫和引导。但愿学生们能通过本书的学习和实践，为自己的身心健康发展和学术水平的突破提高带来划时代的超越。

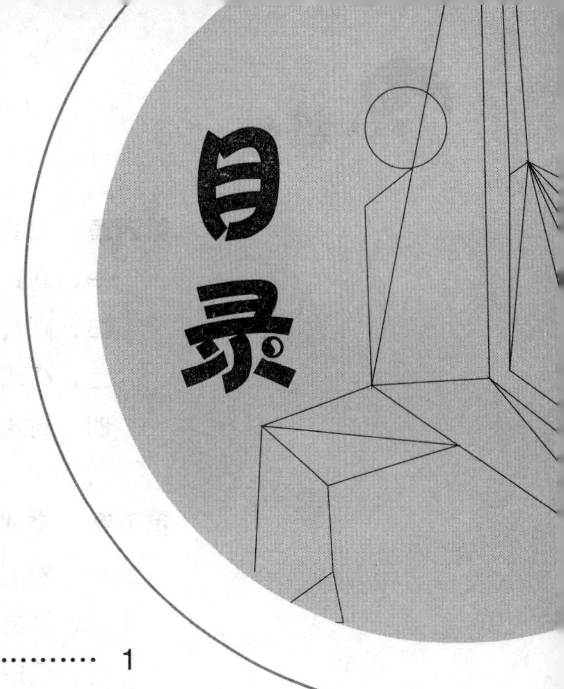
目录

第一章　太极拳起源和流派介绍

太极拳是中国武术的一个支派，最早称为“长拳”、“绵拳”、“十三势”或“软手”等。后来由清朝乾隆年间的山西人王宗岳著《太极拳论》，才确定了“太极拳”的名称。“太极”一词源自《周易·系词》：“易有太极，是生两仪。”这里所说的“太极”含有“至高、至极、绝对、唯一”之意。

关于太极拳的起源与创始人，众说纷纭，大多是口头传说，史料没有确切的文字记载。当今，经过很多专家的考证，大致有东晋时期的葛洪所创“太极法术”、“太极秘法”；有南北朝时期梁国人韩拱月所创“小九天雏形太极拳”；有唐代隐居道士许宣平所创“三十七式太极拳”；有李道子所创“俞式太极功”；有宋朝张三丰、俞莲舟所创“先天拳”；民间则流传有“粘沾拳”、“摸鱼拳”、“绵拳”，还有清朝陈王廷太极拳和王宗岳太极拳等几种不同的流派。虽张三丰和王宗岳各著有《太极拳论》，但其实操主要在各地道观内延续相传，而社会流传则较少。现流传较广的杨、吴、武、孙各式太极拳源出陈式太极拳，所以持陈王廷创拳之说较多。总的来说，太极拳的来源是以道家思想为理论，以古代朴素辩证唯物主义的阴阳、五行、八卦等理论为哲学基础，综合吸收了各家拳法之精华，特别是汲取了戚继光的三十二势长拳，并结合了古代导引、吐纳气功之术和中医经络等学说，使太极拳蕴含了极其丰富的中国传统文化和传统哲学思想。这主要表现在太极拳始终处于动静之中，动作连绵不断，式势相连，如春蚕吐丝绵绵不断，如长江之水滔滔不绝。

传统的太极拳是以“棚、捋、挤、按、採、挒、肘、靠、进、退、顾、盼、定”十三势为基本方法。在运动中，要求静心用意，以意识引导动作，动作与呼吸紧密配合，呼吸要平稳，深匀自然，动作要中正安舒，柔和缓慢，身体保持疏松自然，不偏不倚，动作绵绵不断，轻柔自然，动作弧形，圆活不滞，同时以腰为轴，上下相随，周身形成一个整体。动作连贯协调，虚实分明。在推手中，要求以静制动，以柔克刚，避实击虚，借力发力，主张一切从客观出发，随人则活，由己则滞。尤其讲究“听劲、懂劲”，通过身体触觉，来判断对方力量的大小、方向、部位，并及时做出反应，如对方刚力来打，我则以柔化之，“动急则急应，动缓则缓随”，随人而动，随机应变。

太极拳经过长期的流传，派生出很多新的拳系。从严格意义上讲，凡是开宗立派的新拳种，必须要符合以下几条原则：一是其拳派的理论观点有自己独立完整的思想体系，与其他拳种理论不同；二是其拳派的实操套路是独立创编，且完全符合自己的理论思想观点；三是练习的方法要符合自己的理论思想体系，能通过练习的方法来证实其理论思想的可操作性；四是通过理论观点、套路操作和实施方法的实践，能产生独立显著的拳派效果。能符合这四条原则的，就证明其新的拳派体系是成立的，应该给予支持和认可。

现将主要的太极拳流派简要介绍如下：武当太极拳、赵堡太极拳、陈式太极拳、杨式太极拳、吴式太极拳、武式太极拳、孙式太极拳、国家新编太极拳、东岳太极拳和高式太极拳等。

一、武当太极拳

武当太极拳是道教武当拳法之一，其创始人传说不一。普世广传，张三丰是“太极拳”的创始人。据《明史·方技传》中的《张三丰传》记载，张三丰是辽东懿州(今辽宁义县)人，名全一，字君宝，号三丰，义号玄玄子。祖籍江西龙虎山。长相“颀而伟，龟形鹤背，大耳圆目，须髯如戟”；平常不修边幅，寒暑唯一衲一蓑，人称“张邋遢”；行踪飘忽不定，处事怪异，书经目不忘，善嬉谐而旁若无人；曾屡次云游武当山，在山上“创草庐居之”，炼丹、行拳，后又入四川青城、鹤鸣诸山访道求真。张三丰一生著述颇丰，其传世之作较为可信的有《大道论》、《玄机直讲》、《玄要篇》等。张三丰与其徒在武当山修道，明成祖专为他营建武当官观，所以其丹法、拳法流传了下来，称“武当道派”。张三丰因观鹊蛇之斗，忽有会心，遂编演而成“太极拳”。清代黄百家的《内家拳法》所涉及的《王征南墓志铭》、《宁波府志·张松溪传》等相关文章均认可张三丰是武当内家拳的奠基人这一说法。

二、赵堡太极拳（和式太极拳）

赵堡太极拳形成于河南温县赵堡镇，它的起源大多认为传自武当，即由云游道人传自山西王宗岳，祖师王宗岳传蒋法。蒋法将太极拳带回赵堡镇并开门收徒，后传邢喜怀，传张楚臣，传陈敬伯，传张宗禹，传张彦，传陈清萍，传张敬芝，传陈英明，传王庆升等。赵堡太极拳经历代传人辨理、习技严密传承而来，无论拳架或理论体系都由卜师傅口传、身教，以继承传播。王宗岳师尊的理论专著有《九要论》、《太极行功歌》、《捷要论》、《运天机轮》、《五字诀》、《撒手法》，还有《论推手》、《论擒拿法》和《论卸骨法》等。赵堡太极拳的传承主要是在民间延续，此拳法有独特的养生功能和技击特点。

三、陈式太极拳

陈式太极拳由河南温县赵堡镇陈家沟村人陈王廷创始于明末清初，所创老架路五套，陈式世代传习、演化，又增新架路二套。经过精心编排，动作速度和强度、身法劲道也有所不同。第一路动作简单，柔多刚少，以“棚、捋、挤、按”四正劲的运用为主，以“採、挒、肘、靠”四隅手的运用为辅；柔中寓刚，行气运动，以缠丝劲的锻炼为主，以发劲为辅。全身内外，动分静和，一动全动，体现柔缠中显柔、缓、稳的特色。第二路（炮捶）动作复杂，急速紧凑，刚多柔少，用劲以“採、挒、肘、靠”为主，以“棚、捋、挤、按”为辅；以刚发劲为主，窜蹦跳跃，腾挪闪展，震足发劲；刚中寓柔，体现柔缠中显刚、快、脆的特点。陈式太极拳的锻炼原则和练法还要求：意、气、身三者密切配合，以意行气，源动腰脊，旋腰转脊，节节贯穿。在推手中以缠绕粘随为主，“纵放曲伸人莫知，诸靠缠绕我皆依”；在粘贴缠绕过程中，运用“棚、捋、挤、按”等法则，借力制动，舍己从人，听劲懂劲，发劲制敌。

四、杨式太极拳

杨式太极拳由河北永年人杨露禅从学于河南温县陈家沟陈长兴，与其子杨健侯、其孙杨澄甫等人在陈式老架太极拳的基础上，创编出了杨式太极拳。其拳路逐渐删改了陈式老架中原有的纵跳、震足、发劲等动作，由杨健侯修订为中架子，又经杨澄甫一再修订逐渐定为杨式大架子，即现在广为流行的杨式太极拳。杨式太极拳拳架舒展简洁，结构严谨，身法中正，动作和顺，刚柔内含，轻松自然，轻灵沉着兼而有之。姿势开展，平正朴实，练法简易，由松入柔，积柔成刚，刚柔相济。正如杨澄甫所说：“太极拳是柔中寓刚、棉里藏针的艺术。”架势有高、中、低之分。

五、吴式太极拳

吴式太极拳由河北大兴人吴鉴泉编定。在杨露禅到北京授拳时，吴鉴泉之父吴全佑从学太极拳，后又拜杨之次子杨班侯为师，在杨式小架太极拳的基础上逐步修订，又经吴鉴泉改进修润而形成了一个流派，即吴式太极拳。吴式太极拳以柔化著称，架子斜中寓正、松静自然，大小适中。推手时，守静而不妄动，以善化见长。吴式太极拳分南北两派：南派为吴鉴泉宗师传承，其传人主要有吴公藻、吴公仪、吴英华、马岳梁、徐致一等；北派为王茂斋宗师传承，其传人主要有王杰(子英)、王倜(子超)、赵铁庵、修丕勋、彭广义(仁轩)、杨禹廷等，再传有赵安祥、李经梧、王培生、修占等，修占又传周旭林等。吴式太极拳以柔化著称，动作轻松自然，连续不断，循规蹈矩，松静自然，独具静态之妙。拳架虽然小巧，但具有大架功底，又开展而紧凑，在紧凑中自具舒展，不显拘束；推手时，端正严密，细腻熨贴，守静而不妄动，以善化见长。

六、武式太极拳

武式太极拳由清末河北永年人武禹襄在杨露禅从陈家沟返乡后，深爱其术，从师杨露禅学陈式老架太极拳，后又从师陈清平学赵堡架，经过修改创造了武式太极拳。武式太极拳，既不同于陈式老架和新架，亦不同于杨式大架和小架，学而化之，自成一派。其动作简洁紧凑，架势虽小而不局促，动作舒缓平稳，出手不超过足尖，收时不紧贴于身，左右手各管半个身体，不相逾越。胸部、腹部的进退旋转始终保持中正。步法严格，分清虚实，小巧灵活，迈步时足尖先着地，然后再足跟着地徐徐放下全足踏平。弓步前腿膝盖不得超过足尖，后腿不挺直高拔。拳势讲究起、承、开、合，动作连贯顺遂，用内功的虚实转换和“内气潜转”来支配外形，“神宜内敛”，“先在心，后在身”，“以心行气，以气运身，意动身随，意动气随，意到气到，意到力到，意力不分”，从而达到意、气、形三者合一。

七、孙式太极拳

孙式太极拳由河北完县人孙禄堂创编。孙禄堂自幼酷爱武术，从师李魁垣学形意拳，继而学于李魁垣之师郭云深，又从师程廷华学八卦掌。经多年研练，功夫深厚。后又从师郝为真学太极拳，参合八卦、形意、太极三家拳术的精义，融合一体而创孙式太极拳。孙式太极拳的特点是：进退相随，迈步必跟，退步必撤。动作舒展圆活、敏捷自然，练时又称“开合活步太极拳”。

八、国家新编太极拳

国家新编太极拳是由中国国家体委武术研究院以杨式风格为主，吸收了陈、吴、武、孙多家太极的特点，自1957年以来先后创编的多套新编太极套路。国家新编太极拳主要有八式、十六式、二十四式、三十二式、四十二式、四十八式、八十八式太极拳。另外，国家体委针对不同的门派，又创编了杨式四十式、陈式五十六式、吴式四十五式、孙式七十三式和武式四十六式太极拳。其间多以“国家体委套路”、“国家套路”、“新编套路”、“简化套路”、“竞赛套路”命名。国家体委此举主要有以下原因：

（1）去除传统套路以门派、家族为本之色彩。

（2）减低传统太极的技击色彩，使之更适合作为一种全民体育活动。

（3）简化以利普及、推广。

（4）规范全民武术，以便建立教材、建立国际武术竞赛制度，以及建立武术锻炼的等级制度等。

段位制考核以国家太极拳套路为主，而不重技击，普遍被传统太极习练者视为“太极操”而非“太极拳”。当今各地常常表演的“太极拳”大多以此为根据。

九、东岳太极拳

东岳太极拳由北京体育大学教授门惠丰、阚桂香夫妇在泰山创编。东岳太极拳由二段15式组成。其中，陈式太极拳4个动作（金刚捣碓、揽扎衣、如封似闭、掩手肱捶），杨式太极拳7个动作（单鞭、白鹤亮翅、手挥琵琶、倒卷肱、搂膝拗步、野马分鬃、揽雀尾），武式太极拳1个动作（云手），孙式太极拳1个动作（左右起脚），吴式太极拳、武式太极拳结合动作1个（下势独立），杨式太极拳、武式太极拳结合动作1个（三才势）。15个动作分两段：一段刚柔相济，动律感强；二段缓柔，舒展大方。东岳太极拳还包含竞赛套路（37式、四段）、东岳太极剑（25式、二段）、刀（29

式、二段）、东岳太极枪（32式、二段）、东岳太极棒（原地8式，移动8式、二段）和东岳太极推手等套路和技术，并创制了可伸缩的“多功能三节枪”，拓宽了武术器械及该拳种的发展，丰富了健身武术的内容。

十、高式太极拳

高式太极拳由高德华于2009年创编。高德华自幼酷爱武术，习武几十年，苦练不间断，熟悉多门武功，精研太极拳术。高德华曾经拜访中国很多著名的武术专家和高手，研读了近百家武术理论典籍，经多年的精琢细雕和教学实践总结，最后以老子的《道德经》和王宗岳的《太极拳论》为理论依据，以《道德经》之“无”为核心，创编了自成体系的高式太极拳。高式太极拳运动体系主要由四大部分组成，即太极拳理论、太极拳套路练习、太极拳推手实用和日常应用。每个部分的操作都目标明确、简单易行。学生练习很轻松，没有负担和压力；练习效果显著，只要练习，每次都会有不同的奇妙感受，叫练习者欲罢不能。

中国太极拳是一种文化，文化的存在不仅在于继承，更在于积极有效的改良、创新和发展。太极拳以不同的派系出现，正是适合了社会发展的需要。如果说以杨露禅为首的拳家在社会上的传播为太极拳成熟与发展提供技术上的资源，那么以武禹襄等为代表的拳家则通过知识和文化对太极拳进行更多理想化的诠释和说明。《周易》太极、八卦、五行等学说被引入，极大地丰富了太极拳内涵。以王宗岳著《太极拳论》首显太极拳所具有的哲学思想和深奥文化。而后，陈鑫以《太极拳图画讲义》、杜元化以《太极拳正宗》、孙禄堂以《太极拳学》等，通过周易、阴阳和五行等知识，证明了太极拳文化的实用价值。高式太极拳则通过太极拳运动印证了《道德经》之“无中生有，有无相生”的理念。由于“太极”的深奥，各家、各派的太极拳都是对“太极”不同境界、不同层次和不同阶段的演绎和诠释，是太极拳发展的必然趋势。一树开五花，花花有硕果。太极拳的发展，必然流光溢彩、辉耀世界。

第二章　高式太极拳创编介绍

太极拳运动是中国古老的传统文化之一。其最早的实践动作源头，应该是原始社会人与动物的搏杀以及人与人和部族之间的争斗而形成的人体动作轨迹。其理论思想的源头应该是《道德经》、《易经》和《皇帝内经》的有机融合。太极拳运动是中华民族智慧与实践的完美结合。新中国成立后，毛泽东曾题词“发展体育运动，增强人民体质”，强调了“体育运动”的重要性。之后，邓小平于1978年11月16日题词“太极拳好”，掀起了太极拳运动的新高潮。新时代，党和国家提出了培养“德、智、体、美”全面发展的教育方针，政府又一次把“体育运动”明确为国策之一。太极拳是中国武术的主要内容之一，是中国传统体育项目的主要代表。发展太极拳运动是大势所趋，是时代的需要。

在高校开展太极拳运动，一是能传承中国优秀传统文化；二是能以古典哲学为基础，培育学生自强不息的民族精神；三是能培养学生身心健康和正确的意识形态；四是能培养学生严谨细致、刻苦钻研的职业精神；五是能培育学生健康第一的体育意识，发挥学生的体育特长，培养学生的体育爱好，推动高校全民健身运动的开展，拓宽大学生的学习领域，丰富校园文化，推动了高校太极拳运动的普及与发展。

从资料和实际情况分析，目前中国普通高校大学生太极拳运动的创新研究还是一片空白，这是值得我们去探索研究的前提。通过创编《高式太极拳》，探究中国高校大学生太极拳运动的发展现状，正确分析其发展的优势与存在的不足，找出高校学生太极拳运动发展的特点与规律，促进高校学生太极拳运动的发展，实现通过太极拳运动来提高学生职业素养和技能的职业教育的新模式。

我国的太极拳运动经过了30多年的较快发展，而关于普通高校大学生太极拳运动的发展历史就更短了。太极拳在普通高校大学生体育教学中的普及也才刚开始。在新疆20多所高职院校中，开展太极拳教学的也就几所，而且还是边缘学科的介绍性教学。太极拳运动在普通高校大学生体育教学中的研究创新就更是空白了。可见，创新普通高校大学生太极拳教学的研究，从时间和空间上讲都是一个相对较新的、有前景的课题。我们从以下几个方面进行分析：

一、创编《高式太极拳》的基础因素

1. 群众基础

近30年来，在全民健身运动的影响下，中国太极拳运动蓬勃发展，中国各省、市、区都成立了太极拳协会和分会，大力推广发展太极拳运动的发展，使太极拳运动迅速遍及中国，成为妇孺皆知的、中国性元素的大众运动项目。可以说，创编《高式太极拳》的群众基础是深厚有力的。

2. 学生基础

新疆昌吉职业技术学院自2000年建院以来，太极拳教学始终是学院体育课的主干课程之一，每学期都有近200名学生学习国家推广的太极拳竞赛套路（24式）。2004年该学院进行体育教学改革，以选项课模式进行体育教学，太极拳（24式太极拳和42式太极拳）再次成为主要选项课程。每学期都有300多名学生学习，学生需求呈上升趋势。

二、创编《高式太极拳》的必然因素

1. 现有太极拳教学缺陷

国家体育统编教材只有24式太极拳，后又增加了42式太极拳。这两个套路从教学结构来讲，是符合教学要求的，但在教学内容和目标上有很大的差异，原因是，这两个太极拳套路是国家以运动员竞赛为标准创编的“竞赛性太极拳”，而不是普通高校学生的“健康性太极拳”。如果按其技术标准认真练习，因学生的腿部运动量过大，膝关节容易受伤；如果不按技术标准练习，又不能很好地完成教学任务。

2. 传统太极拳作为教学科目有困难

传统太极拳在编排结构上，无法与学院的教学模式匹配和融合。传统太极拳套路一般由几十个动作组成，套路太长而且动作难度非常大，适宜一般群众多年练习。而学校在一周2课时的情况下，是无法有效完成整套太极拳学习的。如果安排两个学期学习，体育选项课教学模式又显得过于单一。究其原因，传统太极拳在设计编排之初，就不是为学校体育教学而设置的，所以自然就很难在学校进行推广发展。

三、创编《高式太极拳》的内外环境

1. 学院太极拳在新疆维吾尔自治区的影响

新疆昌吉职业技术学院太极拳代表队在教务处和体育部的具体指导下，曾多年参加新疆维吾尔自治区大学生武术比赛并获奖。尤其是，近5年来该学院太极拳代表队连续获得前三名的好成绩，高德华本人多次获得优秀教练员称号，受到自治区各界的好评，为学院争得了荣誉。

2. 太极拳在新疆昌吉职业技术学院的发展情况

首先感谢该学院各级领导对太极拳教学活动特别支持和关怀，使太极拳教学模式成为该学院教学的传统科目，校领导多次提倡在教职工中推广发展太极拳运动，有的教师已经开始学习太极拳了。在校内的各种大型的活动中，校领导积极支持太极拳成为表演项目，为太极拳的不断发展提供了指导，为太极拳在该学院的发展提供了坚实的后盾。

四、创编《高式太极拳》的实用价值

1. 高式太极拳运动重点突出学生身心健康的特色

高式太极拳是遵循中国传统道德标准而设置的武文化。通过系统完整地学习太极拳，使身体得到全面均衡发展，并促使血液循环均匀流畅，使心脏、肌肉有节律地运动，调节人的心情回复平静状态，从而达到身心健康的目的。

2. 高式太极拳运动突出太极拳的武术特色

现在国家推广的太极拳都是以运动员比赛的标准设置的，特点是美化、艺术化有余，而太极拳内在的武术功力发挥不足。高式太极拳则采用以促健康和长功力为主，以美化、艺术化为辅的教学模式，充分体现太极拳在武术中的特殊地位，还原武术的本来面貌。

3. 高式太极拳运动是促进学生职业技能形成的有力保障

太极拳是以身体各种特殊动作组成的身体运动的形式，是促进学生健康、发挥学生身体能力的最佳手段。这与我院职业教育的特点是共通的。首先，职业教育要求学生身体健康，身体要有较强的运动能力，来确保学生职业技能的学习；而太极拳运动最基本的要求就是突出健康效果并发挥身体功能的能力。其次，练习太极拳要求身体动作缓慢、沉稳、均匀、灵活、持久；而职业技能的学习（如电焊、汽修、建筑施工、电工等技术工种）都有精细、持久的身体动作要求，所以太极拳的技能要求和学生学习职业技能的要求是完全一致的。最后，职业技能的学习和实施需要较好的心理状态，要求稳定持久，适应能力强；而练习太极拳就是要求学生平心静气、以巧借力、顺其自然、适应环境，这又和职业技能学习的目的要求是相同的。

鉴于以上几点因素，为《高式太极拳》的创编打下了坚实的基础。

创编《高式太极拳》是高职院校体育教育改革的需求，是时代的需要，也是历史发展的必然。高式太极拳重点突出中国传统文化的厚重、精深、博大和与时俱进的先进性。通过身体锻炼突出学生的身体能力，发挥身体健康的特色，来促进和提高学生学习、生活和工作的适应能力。高式太极拳易学易练、健身效果显著，并充分发挥中国武术防身自卫的特色，树立坚强的意志，以浩然正气面对世事，准确把握世界观、人生观和价值观，为人生之路打下坚实的基础，确保事业道路上少走弯路，以平静、宁和的态度应对变化、适应发展，使我们的人生路能走得更长、更远。

第三章　《道德经》与《太极拳论》的关系

《道德经》是中国传统文化的代表之一，是中国土生土长的民族文化，是道家文化的精华所在。其内涵博大精深，被誉为“万经之王”，是中国历史上最伟大的名著之一。《道德经》内容涵盖本体论、哲学、伦理学、政治学、军事学、修身养生学等诸多学科，被后人尊奉为为学、修身、齐家、治国的宝典，对中国哲学、科学、政治、宗教等产生了深刻影响。太极拳是中华武术的一个分支，是产生于中国这块古老土地上的传统体育项目。它萌芽于原始社会的生存、生活，孕育在中国古代的战争中，并在中国几千年的封建王朝中攻蓬勃发展。《道德经》与《太极拳论》同属中国文化，分别是文文化与武文化的最高境界。在漫漫发展历程中它们互相渗透、互相影响，共同形成了辉煌的中国传统文化。

一、《道德经》和《太极拳论》同属道家思想范畴

中国的道家思想认为，“道”是产生宇宙、天地万物的本源，也是一切事物运行的法则。倡导自然的世界观和方法论，是中国原始宗教思想、原始哲学思想、原始科学理论和民俗习惯的汇总。其渊源涵盖了黄老思想、老庄思想、隐士思想和方士思想等内容，尤其是老子的思想观点，被道家尊奉为核心典范。

《道德经》是春秋时期老子(李耳)的哲学作品。据联合国教科文组织统

计，《道德经》是除了《圣经》以外，被译成外国文字发行量最大的文化名著。道，作为《道德经》中最抽象的概念范畴，是天地万物生成的动力源。哲学上，“道”是天地万物之始、之母，是万物的本质体现。伦理上，老子之道主张纯朴、无私、清静、谦让、贵柔、守弱、淡泊等因循自然的德性。政治上，老子主张对内无为而治，不生事扰民；对外和平共处，反对战争与暴力。这三个层面构成了《道德经》的主题，同时也使得《道德经》一书在结构上经由“物理至哲学至伦理至政治至军事”的逻辑层层递进，由自然之道进入伦理之德，最终归宿于道法自然。也就是说，从自然秩序中找出通向理想社会秩序的光明正道，是道家思想的代表和关键。

最早的太极拳产生于中国道教。东汉顺帝时［永建元年丙寅－建康元年甲申（西元126—144年）］，张陵于蜀郡鹤鸣山（今四川大邑县境内）创立了五斗米道，名曰道教。道者，虚无之系，造化之根，神明之本，玄之又玄，无法用任何语言文字来表达。具体来说，道教是一个崇拜诸多神明的多神教，有着特色鲜明的宗教特色。主要宗旨是追求得道成仙、垂法济人、无量度人。早期的道士修行练武，其思想是以老子的《道德经》为主要经典。

太极拳的起源没有详细具体的记载，其传说不一，但都与道教、道士修行练武相关。

一种说法是，太极拳起源于宋代武当山道士张三丰，他在皇帝召见途中受强盗阻拦，夜梦武当山神授以拳法，杀退百余贼人，创造了“太极拳”。

另一种说法是，张三丰为元末明初人，在武当山修道炼丹过程中，观察鹊蛇之争、探索龟鹤长寿之秘，由此创编了“太极拳”。

还有说法是，明末清初河南温县陈家沟的陈王廷创造的陈式太极拳是现代太极拳的源头。陈式太极拳虽不是出生道教，却以道家的思想理论（丹田和经络）为主要内容进行操练，属于道家理念成果。所以，陈式太极拳及其衍生的太极拳也应归属于道家范畴。

中国自古就有文武兼修的习俗。就以上例证看，《道德经》和《太极拳论》都属于道家思想体系、都是道家思想的成果表现。

二、《太极拳论》思想理念来源于《道德经》

明末清初的王宗岳先生写的《太极拳论》，被后世公认为最早、最完整和最具体的太极拳论述。练太极拳者，都把王宗岳的《太极拳论》作为练拳的理论依据和实践指导，也作为练太极拳是否成功的检验标准。

王宗岳的《太极拳论》整篇内容都与老子的《道德经》息息相关。

其一，王宗岳在《太极拳论》开篇就说："太极者，无极而生，阴阳之母也。"意思是说，"太极"从"无极"而来，并产生"阴阳"。这里的关键词是"无极而生"。《道德经》第四十章说："天下万物生于有，有生于无。"此关键词是"有生于无"。从这两个关键词我们可以看出，两者寓意相同，且"无极而生"应该从属于"有生于无"。

其二，王宗岳的"动之则分，静之则合"等观点确认了事物运动都存在两面性。而《道德经》第二章所说"有无相生，难易相成"等道出了事物存在的两面性。两者对事物存在"两面性"的观点完全一致，证明太极拳的理论完全是道德经的原型继承。

其三，王宗岳在《太极拳论》中说："每见数年纯功，不能运化者，率皆自为人制，双重之病未悟耳！欲避此病，须知阴阳。粘即是走，走即是粘；阳不离阴，阴不离阳；阴阳相济，方为懂劲。"这里讲去"双重之病"要"阴阳相济"，就是要在运动中达到"对立统一"的高级境界，就必须懂得"道"的原理。"道"是处理好太极拳运动发展的核心法则。《道德经》第二章说："天下皆美之为美，斯恶已。皆知善之为善，斯不善已。有无相生，难易相成，长短相形，高下相盈，音声相和，前后相随，恒也。是以圣人处无为之事，行不言之教；万物作而弗始，生而弗有，为而弗恃，功成而不居。夫唯弗居，是以不去。"这段话中，老子以"善"和"恶"为例，来说明事物的两面性。如果做事偏执于任何一方，都会出现不好的现象。而要解决"偏执"这个问题，就必须达到"辩证统一"的境界，即"道"的境界。《道德经》和《太极拳论》都把辩证统一作为处理事物问题的唯一法则，是事物继续发展的正确基础。《太极拳论》把《道德经》中的这一原理，在身体运动中得以充分发挥。

通过对《道德经》和《太极拳论》在理论观点、事物认知规律和处理问题的原则这三方面的对比和分析，我们发现王宗岳《太极拳论》的开篇立意、思想核心、处理问题的原则方法都是受《道德经》启发而来。所以我们说，《太极拳论》思想源自《道德经》是客观真实的。

三、“太极”和“道”本是一体同出而异名

《新华字典》中对“太”字释义——过于：～长。极端，最：～甚，～平。高，大：～空，～学。很：不～好。身份最高或辈分更高的：～老伯，～夫人（旧时尊称别人的母亲）等。

《新华字典》中对“极”字释义——顶端，最高点，尽头：登～（帝王即位），登峰造～。指地球的南北两端或电路、磁体的正负两端：～地（极圈以内的地区），～圈，北～，阴～。尽，达到顶点：～力，～目四望，物～必反。最高的，最终的：～点，～限，～端，～致。

就《新华字典》中对“太”和“极”两字的解释，都有“极端、最、过于、尽头、顶端、最高点”的意思。

如果把“太”和“极”两个字的意思加以逻辑、思辨、统一，我们会发现，它们描述的就是“最初的、最早的、源头的”那个唯一的“存在”。那么这个“存在”就是我们现在所说的“太极”。

另外，“太极”一词初见于《易传》：“易有太极，是生两仪。两仪生四象，四象生八卦。”它认为，“太极”就是宇宙的本体，即“太极”本体论观。

《朱子语类》卷七五：“太极只是一箇浑沦底道理，里面包含阴阳、刚柔、奇偶，无所不有。”

南宋时，朱熹继承和发展了二程思想，建立了一个完整而精致的客观唯心主义的思想体系。他认为，“太极”是宇宙的根本和本体，“太极”本身包含了理与气，理在先，气在后。“太极”之理是一切理的综合，它至善

至美，超越时空，是“万善”的道德标准。

以上观点认为，“太极”是万事万物的源头，是“太极”派生了万物。

老子在《道德经》第一章说：“道可道，非常道。名可名，非常名。无名天地之始：有名万物之母。故常无欲以观其妙：常有欲以观其徼。此两者同出而异名，同谓之玄，玄之又玄，众妙之门。”

老子在《道德经》第二十五章说：“有物混成，先天地生。寂兮寥兮，独立而不改，周行而不殆，可以为天地母。吾不知其名，强字之曰道，强为之名曰大。”

老子在《道德经》第四十二章说：“道生一，一生二，二生三，三生万物。”

宋代理学家则认为，“太极”即是“理”。太极是阐明宇宙从无极而太极，以至万物化生的过程。“无极”即“道”。

清王夫之《张子正蒙注•太和》：“道者，天地人物之通理，即所谓太极也。”

以老子为代表的理论家认为，“道” 是万事万物的源头，是“道”派生了万物。

通过上述内容对“道” 和“太极”两大理论观点对比、研究发现，“道”和“太极”都是从不同角度描述最早“存在”的不同表述而已。“道”和“太极”本是一体同出而异名，道家思想与太极拳理论的“核心所指”是一致的。所以我们说，《道德经》和《太极拳论》是同范畴、同思想和同归属的关系。“太极”和“道”是同出而异名，“太极”就是“道”。

通过对《道德经》和《太极拳论》这两篇文章全面比对、研究发现，它们同属道家思想范畴。其理论观点、对事物存在规律的认知和处理、解决问题的原理都是一脉相承的。所以作者认为，王宗岳写的这篇《太极拳论》就是借鉴了老子的《道德经》而来。要想搞懂《太极拳论》的思想内涵，就必须多研究《道德经》的思想，这是研究《太极拳论》的必由之路。

第四章　高式太极拳运动体系

高式太极拳的运动体系主要由四大部分组成：理论部分、套路练习部分、推手实用部分和生活应用部分。每个部分的操作都简单易行、目标明确，学生练习很轻松，没有负担和压力，练习效果明显，只要练习，每次都会有不同的奇妙感受，叫练习者欲罢不能。

一、高式太极拳理论指导

高式太极拳的理论指导，是以中国传统文化中的“道”为标准来确立的。具体的理论基础就是以老子的《道德经》八十一章五千言为依据设置的。

杜宏刚译注《老子》中讲：“道，是创造一切的母力，是超越时空的绝对存在。道是宇宙天地万物的本体、是自然的本源、是存在的本质；是一个由心灵感受到的超凡入圣、至善至美至真的光辉灿烂的世界。”

“道”，是太初之极，无形之永恒者。“道”的特性是无为而无不为，“道”存在的意义是回归真理。

太极拳理论先导王宗岳先生在其所著的《太极拳论》中说：“太极者，无极而生，阴阳之母也。”在这里，王宗岳先生明确指出了“太极”的来源，是由“无极”而生。同时也指出了“太极”的地位和作用，是阴阳的生母、动静的先机。这里的“无极而生”和“道”之“无中生有”有异曲同工之妙。作者分析认为，“太极”应该是生发宇宙天地万物的本源及本源所生的万物的规律，就是“道”之本身；而绝不可简单地把“太极”等同于“阴阳、丹田、虚实、意念”等。

高式太极拳是以“道”为根本理论，进行修身养性、强身健体、防身自卫、益利大众、和谐社会的一个运动项目。中国人讲“修身养性”的最高境界就是“天人合一”、进入大道。这里最关键的是“天人合一”中的“合”字，它包含和睦、和谐、求同存异、共处一境的意思。练习太极拳，只有达到如此境界，才能感受到什么是“太极”，之后才可以谈得上练太极拳了。所以，高式太极拳的理论定位，很简单也很具体，就是体悟“道”之“无”而已，离此别无他法。

高式太极拳的特点是，演武以和入道。武者以和为贵，能和者才能入道，能道者则自可长久。

二、高式太极拳套路练习

高式太极拳套路，动作简单、易学易练。动作练习没有具体(招式)目的，只是练习而已。在练习套路时要保持脑不思、心不想、体不用力的状态。主要体验和感受“无”的境界。

套路练习要轻松自如，无牵无挂，恍若自我消失。这时身体会出现各种不同的、奇异的妙境，叫人欲罢不能。练习时不可“认真”。因为在练高式太极拳套路时，你“认真”就容易引起“执着”，而“执着”又是修行的“拦路虎”。所以练拳不可认真，认真则远离大道。

从太极拳入门的角度讲，练习高式太极拳首先会出现的是“松沉劲”，之后是“整体劲和轻灵劲”等。

三、高式太极拳散推手练习

高式太极拳的散推手，主要是通过接手摸劲、走劲，检验自身，发挥潜

（道）能，不主张进招打人，旨在真实的摸劲、走劲中体验“无”的功能状态。

练习方法是，老师亲自给学生喂劲，让学生正确体验身体在“无”的状态下是怎么和对方推手。如果我保持了这种“无”的状态，对方就会从接触点上感受到我的强大威力；也就是从客观实际中，显示道之“无中生有”的真实性，达到“人不知我，我独知人”的境界。

四、高式太极拳的实际应用

高式太极拳的功能，就是一种“无”的状态。有了这个“无”的状态，练习者就会自动放弃，自我主观思想意识能准确地观察和判断一切事物。这就是人们俗语讲的“当局者迷，旁观者清”，老子把它叫做“常无欲以观其妙”。也就是说，能准确把握事物发展的规律，提高了人做事的能力和效果。

在现实生活中，如果练习者掌握了这种“无”的处世状态，就会展示出高超的智慧和强大的做事能力，还会深切体悟到入道“超越自我”的妙境。这就是高式太极拳功能在生活中应用的效果，也是高式太极拳给我们的生活、工作、学习带来的奇妙佳境。

高式太极拳要求身体做到“松而懈之”才是正确的，没有站桩、练基本功、转丹田等复杂的要求。当人的身体在疲劳、乏力、不舒服的状态下练习高式太极拳，会收到健康奇效。

高式太极拳是太极拳的一个新派系。其理论依据是老子的《道德经》和王宗岳的《太极拳论》。其实践操作则借鉴了各家太极拳和其他门派的拳术，但在根本上又区别于其他太极拳和其他门派的拳术，即不练丹田、不练意念、不练阴阳、不练劲力等，只体悟“道”之“无”而已，形成了高式太极拳独特的练习风格、功能状态和使用技巧。高式太极拳具有鲜明的时代特色，突出快速学习、快速上功、广泛适用的特点，经多年教学实践证实，效果显著，现已形成完整体系向大众推广。

第五章　高式太极拳功力效果

高式太极拳重点突出了易学易练的方法，练习不受场地、时间、空间和体位变化的影响而随时练拳。练拳如休闲散步，无费时耗力的负担，且上功特快。通过一定时间的习练，可以感受到松沉劲、轻灵劲、整体劲、点劲和无劲等。

一、松沉劲

通过练高式太极拳，很快出现“松沉劲”，也就是两脚落地如生根的劲。

一般来说，身上没有“松沉劲”的人，身体功能表现都是，上身笨重而下肢、脚底漂浮。这就是人们俗语讲的“上重下轻根头棍”，即下肢脚底稳定性差、走路不稳当等。

而练上“松沉劲”的人，身体功能表现是，两腿脚沉稳有力，落地生根，腿脚像被磁铁吸住一般。这就是人们常说的“松沉劲”。只有根深才能叶茂，有了根才会有生命。

二、轻灵劲

我们这里讲的“轻灵劲”，不是理论上理解的或是专门练习而来的“轻灵劲”，而是从“松沉劲”的练习中“长”出来的“轻灵劲”。也就是说，只有掌握了“松沉劲”，才会有“轻灵劲”。这时的“轻灵劲”才是经得起考验的真“轻灵劲”。练出“轻灵劲”之后，人的身体反应敏捷且适应能力强，走路轻快而脚下稳健。

三、整体劲

整体劲，是通过老师亲手喂劲形成的。

一般来说，身上没有整体劲的人，身体各部位都是散的，在平时的生活和工作中，身体的各个部位都习惯性地承担了局部的工作负担，这样长期运行就很容易造成身体各部位老化、变形和习惯性的损伤，如腰部的疾病、颈椎病、肩关节、膝关节炎等。一旦形成这种身体生理性的疾病，要想再恢复健康，难度是很大的，这就给人们的生活和工作造成了巨大的困难和压力。

练上整体劲后，身体时刻都会自动形成一个有机的整体，做任何的工作和活动，身体都是一个统一的、协调性的运动体。这样就减轻了工作对身体造成的压力，使身体不易僵化、不易老化、不易受伤，同时还可以起到防身自卫的作用。

四、点劲

点劲是在整体劲的基础上训练而成，是通过老师亲手喂劲形成的。

身上没有整体劲的人，是练不上点劲的，因为点劲是把整体劲集中在点上发挥出来的劲。所以没有整体劲，也就谈不上点劲了。有了整体劲后，我们就说这个人练拳已经有功力（功力上身）了。但这个功力只是基础，表现得还很粗糙，是大家能看得见的东西。有了点劲，就说明功力上升了一个台阶。功力转化成了一种精巧的技能，身体也会出现奇妙的现象。在推手的应用中基本可以表现出“人不知我，我独知人”的状态。

五、妙劲

此劲在点劲的基础上形成，接近“无劲”状态，充分体现了太极拳“四两拨千斤”的借力境界，推手已经是“猫捉老鼠”的游戏。此时推手已进入“玩劲”的状态，还不伤人。到此地步，推手时就喜欢对方用力，把推手变成了一种乐趣，也达到了太极拳的至高境界了。

六、无劲（本我的能量）

要感受到这个劲，必须抛弃自我，把演武彻底转化成修道，才可能有此机缘。此境界不是人为努力的结果，主要看练拳者是不是有这样的天赋。有天赋者时机一到，师傅点化即成。

七、太极劲（真我的能量即道本身）

此境界在无劲（本我的能量）基础上形成。没有觉悟者无法言说，因为这必须是人之身心共同的感悟和行为，而不是单纯理论的说教，所以练习难度很大。

八、能改善不良生活习惯和陈旧的观念

每个人都有自己的生活习惯和观念，每个人的生活习惯和观念都不同程度地受到工作、学习、生活的巨大压力以及社会大环境的影响，使得人体正常的规律被打破，直接导致人体功能紊乱，身体状况过早表现出衰退和老化，出现意志萎靡、消沉、急躁和悲观等不良的状态。

通过练拳出现松沉劲之后，人的生活习惯和观念就会发生悄然的变化。原因是，通过练拳上功，很好地恢复了人的生理功能，并使其焕发了新的生机。生理功能开始有能力对不利于身体健康的一切因素产生强烈的对抗和改变，如对烟酒的敏感和抵抗、对生活不规律等现象的强烈调整等。这都是练

太极拳上功后，对人的不良生活习惯和观念的修复、改善和重建的效果。

太极就是道。道本“无”。太极拳的本质就是要研究“无”层面的东西，这些东西是客观存在的，但又是看不见、摸不着的，所以叫先天之功（无形无象）而非后天之功（有形有象）。生活中我们看到的实像，只是道之“无”所产生的外在现象而已，而非根源所在。因此，如果不在“无”的层面上深入理解无、认识无、感悟无，而总在外表的实像上下功夫，那就真是摸不到太极功夫的边了。太极的“无”和中医的“经络”是一个道理。如果要用现实解剖学的方法去找身体的穴位和经络，是永远找不到的，但中医的疗效是确实存在的。正因为要在“无”的层面上去理解、感悟、认识和掌握别人无法看到和理解的东西，所以太极功夫才难懂、难练，才玄之又玄。所以说，“道可道，非常道”，“玄之又玄，众妙之门”。一旦进入了这个“无”的门，即可通于众妙，而非常人所能知能觉，所以不懂太极“无”之内涵的本质，去研究那些外形动作的操练，实与真正的太极功夫是背道而驰的！

第六章　高式太极拳身心健康效果

高式太极拳是一种“无为”的运动，要求在不思、不想、不用力的状态下运动，其目的就是，让人的身心达到最佳的健康状态。高式太极拳同时还是一项非常有趣的运动，经常练习的人都有这样一种感觉：周身稳定舒泰、安静祥和、圆润大气，且周身感觉活泼、反应灵敏，等等。这些都充分证明了，高式太极拳运动能积极有效地促进人体身心的健康发展。

一、练高式太极拳对神经系统的影响

练习高式太极拳，要求“无”，并且讲究“松懈”，这些都对大脑活动有良好的修复作用。根据近年来生理学的发展，特别是许多生理学家对中枢神经的研究证明，太极拳运动使我们更进一步地认识了中枢神经系统对人体的重要作用。神经系统，尤其是它的高级部分，是调节和支配所有系统与器官活动的枢纽。高式太极拳运动依靠“无为”的运动，恢复人体最佳功能态，以适应外界环境并改造外界环境，使体内各个系统与器官的机能活动按照自身规律统一起来，增强中枢神经系统的机能，对全身来说有很好的保健意义。

此外，从动作上来讲也是如此，练习高式太极拳时，动作需要“松静安逸”，从身体的上肢、躯干、下肢，相互照顾毫不散乱，前后连贯，绵绵不断。同时由于动作的某些部分比较复杂，需要有良好的支配和协调能力，使得人的神经系统得到充分发挥。

二、练高式太极拳对心血管系统的影响

高式太极拳对心脏血管系统的影响，是在中枢神经活动支配下发生的。就太极拳动作的组成来说，它包括各组肌肉、关节的活动，也包括有节律的呼吸运动，特别是横膈运动。因此，它能加强血液及淋巴的循环，减少体内的淤血现象，是一种用来消除体内淤血的良好方法。

我们知道，全身各部分骨骼的周期性的收缩与舒张，可以加强静脉的血液循环，肌肉的活动保证了静脉压力。呼吸运动同样也能加速。这一点在练习高式太极拳的过程中表现得非常明显。

高式太极拳的动作舒展，身体不紧张，而且要求无意识运动，这样就可以使呼吸自然，呼吸的效果就会增加，这也就更好地加速了血液与淋巴的循环。我们经常见到，当一个人紧张用力时，由于胸廓固定，吸气受到限制，结果血液循环发生障碍，练者产生面红耳赤、颈部血管弩张的现象。练高式太极拳时就没有这种现象。

经常练高式太极拳，对保持肺组织的弹性、胸廓活动度、肺的通气功能及氧气与二氧化碳的代谢功能都有很好的影响。这是因为经常打拳，胸部呼吸肌和膈肌有力，肺组织的弹性好，肋软骨骨化率低。对于老人来说，练习高式太极拳，能锻炼深长细匀的呼吸和腹肌膈肌活动，既能增加透气功能，又能通过腹压有规律的改变使血流加速，增进肺泡的换气功能，这都有利于保持老人的活动能力。

三、练高式太极拳对肌肉、骨骼及关节活动的影响

练习高式太极拳对骨骼、肌肉及关节活动的影响很突出。骨骼、肌肉及关节的运动，形成了人的正常运动系统。通过练习高式太极拳增加了肌肉的伸展性和弹性，有效防止了肌肉的老化和萎缩现象。人到中年后，骨质开始

疏松，这是一种衰老的退行性变化，其原因主要是骨质中的成骨细胞不够活跃，不能产生骨的蛋白基质，致使骨生成少，骨质变松。而练习高式太极拳要求动作连贯、圆活，周身节节贯穿，增加骨质的密度和弹性，提高抗压、抗折断的能力。练习高式太极拳，还可以增加关节的灵活性和稳定性，有效防止关节老化，提高关节的运动能力。

四、练高式太极拳对人体内脏系统的影响

练习高式太极拳需要完成一整套的动作，要求动作协调、呼吸自然、气贯全身。这里的“呼吸”就是在练拳的过程中，降低人体的“肺呼吸”状态，提高全身“体呼吸”的能力，它在医疗与保健上都有作用。这样，呼吸运动就可以改善血液循环的状况，增加心肌的营养。此外，经常练习高式太极拳，对预防心脏各种疾病及动脉硬化创造了良好条件。由于神经系统对内脏器官的调节，膈肌、腹肌的收缩和舒张，对肝脏、胃肠也起到自我按摩的作用，使肠、胃、肝、肾随之发生适当运动，促进了肝内血液循环，提高了胃肠的张力、蠕动、消化和吸收的能力，增强了肾上腺系统的分泌功能，改善了体内物质代谢。因此，经常练高式太极拳，可以增进食欲，减少便秘现象，使血液中胆固醇含量下降，这对老年人也是很重要的。

五、练高式太极拳对心理的影响

练习高式太极拳的要求是，全身达到脑不思、心不思、体不用力的松而懈之的状态。即身体“无”的状态。这样可以使人的身心俱静，达到高度的和谐统一，从而提高人的身心健康水平。身体的协调健康可以直接影响人的心理健康水平，反过来，人的心理健康又可以直接影响人的身体健康水平，两者互相依存、不可分离。练习高式太极拳要求轻缓柔和、连绵不断，这样会有效地缓解心肌运动的压力，提高心肌的功能和运动水平。人的心肌运动舒缓有律、能促使人的心理健康发展。例如：心气，宽厚平和、滋润博大；

心情，舒泰慈善、亲和柔细；心境，处世不惊、超凡脱俗。同样，健康的心理又对人的生理产生健康积极的影响，使人的身心高度合一、协调通达、百病不生。

高式太极拳运动仅通过心理的影响就可以使人体血液的动力过程、气体代谢等发生改变。对患某些慢性病的人来讲，“心理健康”更为重要。好的心理状态不仅可以活跃各种生理机制，同时又能够使病人脱离心理病态，这对治疗功效来讲很重要。以上内容充分说明，练习高式太极拳对人的心理和生理都有着积极健康的作用。

综上所述，高式太极拳运动是一种合乎心理和生理规律、轻松柔和的健身运动，它对中枢神经系统起着良好的影响，加强心血管与呼吸的功能，减少体内淤血，改善消化功能与新陈代谢过程。可以说，练习高式太极拳对人体有百利而无一害。所以，从医学的观点上来看，高式太极拳是一种很好的保健运动和医疗康复手段，是主动增强人体体质的一种方法，是人体自我预防、自我康复、自我提高机体能力的最佳途径，也可称之为“主动医学”的药方之一。

第七章　高式太极拳64式套路拳谱及图文解说

第一段

第一式	预备式	第十三式	右开
第二式	起势	第十四式	左撩式
第三式	单手式	第十五式	左开
第四式	双手式	第十六式	野马分鬃
第五式	双进式	第十七式	白鹤亮翅
第六式	大鹏式	第十八式	双撞捶
第七式	右撩式	第十九式	退琵琶式
第八式	右开	第二十式	平退
第九式	降龙式	第二十一式	左开
第十式	双撞捶	第二十二式	大鹏式
第十一式	伏虎式	第二十三式	云手
第十二式	平退		

第一式　预备式

技术动作：身体直立，两腿脚并拢，两手臂自然下垂，**掌心向内，两眼**平视前方。如图1-1所示。

技术要求：全身放松，重心落于两脚之间。

图1-1

第二式 起势

技术动作：左脚向左横向迈开一步，两脚平行与肩同宽，**两手臂从身体**两侧划弧向上向内收于胸前，两掌心向下，手臂继续自然落于**身体两侧，两**掌指尖向下，掌心向内。如图2-1～图2-3所示。

技术要求：两臂划弧过程中，身体保持与手臂同步运动。

图2-1

图2-2

图2-3

第三式　单手式

技术动作1：左手臂从身体左侧划弧向上向内收于胸前，掌心向右，手臂继续自然落于身体左侧，两掌指尖向下，掌心向内。如图3-1～图3-3所示。

技术要求：眼随手走，身体随手自然运动。

图3-1

图3-2

图3-3

技术动作2：右手臂从身体右侧划弧向上向内收于胸前，掌心向左，手臂继续自然落于身体右侧，两掌指尖向下，掌心向内。如图3-4～图3-7所示。

图3-4

图3-5

图3-6

图3-7

技术动作3：左手内收，从身体中线自然提起至胸口，掌心向下，左手掌立起，指尖向上，掌心向前推出，在手臂将要伸直时，随即自然下落回收身体左侧，自然下垂，指尖向下，掌心向内。如图3-8～图3-11所示。

图3-8

图3-9

图3-10

图3-11

技术动作4：右手内收，从身体中线自然提起至胸口，掌心向下，右手掌立起，指尖向上，掌心向前推出，在手臂将要伸直时，随即自然下落回收身体右侧，自然下垂，指尖向下，掌心向内。如图3-12～图3-15所示。

技术要求：在手臂内收时，身体自然随身体运动，进行相应的内收和外展，使手臂的运动和身体形成整体运动，尤其注意两腿也要随之而动。

图3-12

图3-13

图3-14

图3-15

技术动作5：左手臂自然向前向上提起，自然收至胸口处，手掌自然立起并缓缓向前伸出，手臂与肩同高，掌心向前，在手臂将伸直时，自然下落至身体左侧，指尖向下，掌心向内。如图3-16～图3-19所示。

技术要求：做此动作时，要注意手臂不能伸直，手臂要随运动的惯性节律而运动，身体不宜挺直，保持自然松弛状态，随手臂的运动而进行整体运动。

图3-16

图3-17

图3-18

图3-19

技术动作6：右手臂自然向前向上提起，自然收至胸口处，手掌自然立起并缓缓向前伸出，手臂与肩同高，掌心向前，在手臂将伸直时，自然下落至身体右侧，指尖向下，掌心向内。如图3-20～图3-23所示。

技术要求：手臂要随运动的惯性节律而运动，身体不宜挺直，保持自然松弛状态，随手臂的运动而进行整体运动。

图3-20

图3-21

图3-22

图3-23

第四式　双手式

技术动作1：两手臂从身体两侧划弧向上向内收于胸前，掌心向前，手臂继续前伸与肩同高，在两手臂将伸直时，自然向下落于身体两侧，掌指尖向下，掌心向内。如图4-1～图4-4所示。

技术要求：双手式动作在练习时要注意，全身放松放软，全身随双手臂的运动作有节律性的前后蠕动，使身体在整体状态下运动，避免双臂的运动与身体分家。

图4-1

图4-2

图4-3

图4-4

技术动作2：两手掌内收至腹前紧贴身体中线向上提起，自然收至胸口处，手掌自然立起并缓缓向前伸出，手臂与肩同高，掌心向前，**在手臂将伸**直时，自然下落至身体两侧，指尖向下，掌心向内。如图4-5～图4-8所示。

图4-5

图4-6

图4-7

图4-8

技术动作3：两手臂自然向前向上提起，自然收至胸口处，手掌自然立起并缓缓向前伸出，手臂与肩同高，掌心向前，在手臂将伸直时，自然下落至身体两侧，指尖向下，掌心向内。如图4-9～图4-12所示。

图4-9

图4-10

图4-11

图4-12

第五式　双进式

技术动作1： 两手臂自然放松，从身体左前方45度方向，从下向前向上划弧，两手臂屈肘自然回收至面前，两手与肩同宽，指尖与眼同高，左手掌心向前，右手掌心向后，同时左脚后跟向左前45度方向迈出，脚后跟虚步着地，眼睛目视左前方。随后双臂再向左前方45度方向伸出，并向下自然划弧收至身体两侧，身体重心随手臂的运动移至左脚，目视前下方。如图5-1～图5-6所示。

技术要求：此动作要注意手臂与身体的协调配合，做到手带领身体整体运动。

图5-1

图5-2

图5-3

图5-4

图5-5

图5-6

技术动作2：两手臂自然放松，从身体右前方45度方向，从下向前向上划弧，两手臂屈肘自然回收至面前，两手与肩同宽，指尖与眼同高，右手掌心向前，左手掌心向后，同时右脚后跟向右前45度方向迈出，脚后跟虚步着地，眼睛目视右前方。随后双臂再向右前方45度方向伸出，并向下自然划弧收至身体两侧，身体重心随手臂的运动移至右脚，目视前下方。如图5-7～图5-11所示。

图5-7

图5-8

图5-9

图5-10

图5-11

第六式 大鹏式

技术动作：双手自然向内捧起，双臂抬起，两掌心向上收至胸的下部，左脚收至右脚内侧，随之左脚迈开一步，两手臂向左右两侧展开，掌心向下，目视前方。如图6-1～图6-2所示。

技术要求：手臂向身体两侧展开时，注意两肩不可紧张耸起。

图6-1

图6-2

第七式　右撩式

技术动作：身体左转90度，左手臂摆至身体前方与胸同高，掌心向下，右手臂自然向下，掌心向下，目视前方。身体重心移至左脚，右脚向前上步，脚尖点地成虚步，右手臂前撩与腹同高，掌心向上。左手掌心向下合于右小臂上。如图7-1～图7-2所示。

图7-1

技术要求：转体时要整体放松，轻松灵活，不可僵硬。

图7-2

第八式　右开

技术动作：身体重心移至左脚，右手臂向上收起，手指与眼同高，掌心内旋向右。同时右腿屈膝向上抬起与胸同高，脚尖内收护裆。左手掌自然按于腹前，掌心向下。随后右腿向右横向迈开一步，两脚平行与肩同宽，右手臂外旋，从左向下向右摆至身体右侧，掌心向后，同时左手臂向左摆至身体左侧，掌心向后，目视前方。如图8-1～图8-2所示。

图8-1

技术要求：整个动作要轻松缓慢，不可短促用力。

图8-2

第九式　降龙式

图9-1

技术动作1：右脚向前上步，脚跟成虚步，同时两手臂向内收经过腹前，掌心向上。两手背相对沿身体中线上行至与眼同高。两手臂继续外旋向身体两侧划弧，自然落于身体两侧。如图9-1～图9-4所示。

技术要求：要注意双手臂的运动与身体协调配合。

图9-2

图9-3

图9-4

技术动作2：左脚向前上步，脚跟成虚步，同时两手臂向内收经过腹前，掌心向上。两手背相对沿身体中线上行至与眼同高。两手臂继续外旋向身体两侧划弧，自然落于身体两侧。如图9-5～图9-8所示。

随之收左脚与右脚成并立列

图9-5

图9-6

图9-7

图9-8

技术动作3：与技术动作1相同。如图9-9～图9-12所示。

图9-9

图9-10

图9-11

图9-12

第十式　双撞捶

图10-1

技术动作：两手臂向前伸出，掌心向前与胸同高，同时右脚向前迈步，脚跟落地成虚步。两手回收至腰两侧，掌心向上。左脚向前迈步，脚跟落地成虚步，身体重心移至右脚，两手握拳向前撞出，同时右脚跟上成并步，拳眼向上与胸同高。如图10-1～图10-3所示。

技术要求：两手臂的运行形成前后完整的立圆。

图10-2

图10-3

第十一式　伏虎式

技术动作1：双手内旋变双托掌与胸同高，掌心向上，同时右腿自然提起，随之右脚向右后撤步，双掌内旋按于两胯侧成半马步。如图11-1～图11-3所示。

技术要求：此动作要注意，撤步与按掌协调同步。

图11-1

图11-2

图11-3

技术动作2：双手内旋变双托掌与胸同高，掌心向上，同时左腿自然提起，随之左脚向左后撤步，双掌内旋按于两胯侧成半马步。如图11-4～图11-6所示。

图11-4

图11-5

图11-6

技术动作3：与技术动作1相同。如图11-7～图11-9所示。

图11-7

图11-8

图11-9

第十二式　平退

图12-1

技术动作1：左手内旋，掌心向上托与胸同高，右手臂提起收于腹部，掌心向下，同时提起左腿保持水平。随之右手外旋，掌心向前穿出。同时左脚后撤一步，左手内旋，掌心向下收于右小臂上。如图12-1～图12-2所示。

技术要求：撤步动作与手臂的前穿要形成对称相反的劲。

图12-2

技术动作2：随之左手外旋，掌心向前穿出。同时右脚后撤一步，右手内旋，掌心向下收于左小臂上。如图12-3所示。

图12-3

技术动作3：随之右手外旋，掌心向前穿出。同时左脚后撤一步，左手内旋，掌心向下收于右小臂上。如图12-4所示。

图12-4

第十三式　右开

技术动作：左手掌下按，同时提起右腿，举起右手，掌心向右与眼同高，随之右脚后撤一步，身体右转90度左右，手向下划弧向身体两侧横开，掌心向后。如图13-1～图13-2所示。

技术要求：手臂动作和腿部动作要协调一致，不能停动。

图13-1

图13-2

第十四式　左撩式

图14-1

技术动作：身体右转90度，右手臂摆至身体前方与胸同高，掌心向下。左手臂自然向下，掌心向下，目视前方。身体重心移至左脚，右脚向前上步，脚尖点地成虚步。右手臂前撩与腹同高，掌心向上。左手掌心向下合于右小臂上。如图14-1～图14-2所示。

技术要求：转体时要整体放松，轻松灵活，不可僵硬。

图14-2

第十五式　左开

图15-1

技术动作：此技术动作与第十三式“右开”相同，唯方向相反。如图15-1～图15-2所示。

技术要求：整个动作要轻松缓慢，不可短促用力。

图15-2

第十六式　野马分鬃

图16-1

技术动作1： 身体重心移至右脚，同时右手划弧收于胸前，掌心向下。左脚收于右脚内侧点地，左手收于腹部，掌心向上，目视前方。随后左脚向前上步，两手臂左上右下分开，左手掌心斜向上，与肩同高，右手向右后采捋，掌心向下收于右腹前，眼看左手。如图16-1～图16-3所示。

技术要求： 上步与双手分掌要协调同步，不可分家。

图16-2

图16-3

技术动作2：身体重心移至左脚，同时左手划弧收于胸前，掌心向下。右脚收于左脚内侧点地，右手收于腹部，掌心向上，目视前方。随后右脚向前上步，两手臂左上右下分开，右手掌心斜向上，与肩同高，左手向左后采捋，掌心向下收于左腹前，眼看右手。如图16-4～图16-6所示。

图16-4

图16-5

图16-6

技术动作3：与技术动作1相同。如图16-7～图16-9所示。

图16-7

图16-8

图16-9

第十七式　白鹤亮翅

技术动作：身体重心移至左脚，左手臂内旋，掌心向下与胸同高，右手脚同步回收，右手掌心向上收于腹前，右脚收至左脚内侧，脚尖点地。随之左手臂自然下垂收于体侧，右手上举外旋，掌心向前与眼同高，右脚掌落地，重心在右脚，目视前方。右手随后自然下落于体侧。如图17-1～图17-3所示。

技术要求：身体的重心转换与手臂动作要协调运动。

图17-1

图17-2

图17-3

第十八式　双撞捶

技术动作：与第十式“双撞捶”技术动作相同。如图18-1～图18-3所示。

技术要求：与第十式“双撞捶”技术要求相同。

图18-1

图18-2

图18-3

第十九式　退琵琶式

技术动作1：双手内旋，掌心向上托，同时左腿提起保持水平高度，目视双掌。随之左腿后退一步，两手掌外旋向上收于胸前，左掌在后、掌心向右，右掌在前、掌心向左。如图19-1～图19-2所示。

技术要求：身体的退步与两手臂的动作协调，只可随动，不可发力。

图19-1

图19-2

技术动作2：双手内旋，掌心向上托，同时右腿提起保持水平高度，目视双掌。随之右腿后退一步，两手掌外旋向上收于胸前，右掌在后、掌心向左，左掌在前、掌心向右。如图19-3～图19-4所示。

图19-3

图19-4

技术动作3：与技术动作1相同。如图19-5～图19-6所示。

图19-5

图19-6

第二十式　平退

技术动作1：右腿后退一步，左手掌前穿，掌心向上。右手掌后捋，掌心向下收于左小臂之上。如图20-1所示。

技术要求：身体的退步与两手臂的动作不可分离，双手要保持合适的距离。

图20-1

技术动作2：左腿后退一步，右手掌前穿，掌心向上。左手掌后捋，掌心向下收于右小臂之上。如图20-2所示。

技术动作3：与技术动作1相同。如图20-3所示。

图20-2

图20-3

第二十一式　左开

技术动作：与第十三式“右开”技术动作相同，唯左右相反。如图21-1～图21-2所示。

技术要求：与第十三式“右开”技术要求相同。

图21-1

图21-2

第二十二式　大鹏式

技术动作： 与第六式“大鹏式”技术动作相同。如图22-1～图22-2所示。

技术要求： 与第六式“大鹏式”技术要求相同。

图22-1

图22-2

第二十三式　云手

技术动作：两脚微动，两手臂在身体前交替划立圆，左手臂逆时针旋转划圈，右手臂顺时针旋转划圈，手掌划在腹部和面前时掌心向内，手掌划至肩部和胯部时掌心向外向下。这个动作要重复三次。如图23-1～图23-6所示。

技术要求：手臂旋转划圈时，身体随之左右移动。

图23-1

图23-2

图23-3′

图23-4

图23-5

图23-6

第二段

第二十四式	挑插掌	第三十一式	如封似闭
第二十五式	双撞掌	第三十二式	波浪式
第二十六式	带门式	第三十三式	金鸡独立
第二十七式	金鸡独立	第三十四式	退双掌
第二十八式	退双掌	第三十五式	左开
第二十九式	右开	第三十六式	大鹏式
第三十式	平穿进捶	第三十七式	云手

第二十四式　挑插掌

技术动作1：身体左转90度，左手臂抬起与胸同高，掌心向下，右手臂向外向下落至身体右后方与右胯同高，身体重心在两腿之间，目视前方。随之身体重心移至右脚，双手臂内旋向面前捧起，两掌心向内，左手掌与眼同高，右手掌与胸同高，同时提起左腿，大腿保持水平高度。之后左脚向前迈一步，双手同时外旋。左手掌心向右，指尖与眼同高；右手掌心向左，指尖向前与胸同高。如图24-1～图24-3所示。

技术要求：手臂的挑插动作与提腿动作及整个身体要配合协调。

图24-1

图24-2

图24-3

技术动作2：身体重心移至左脚，双手臂内旋向面前捧起，**两掌心向内**，右手掌与眼同高，左手掌与胸同高，同时提起右腿，**大腿保持水平高**

度。之后右脚向前迈一步，双手同时外旋。右手掌心向左，指尖与眼同高；**左手掌心向右**，指尖向前与胸同高。如图24-4～图24-5所示。

图24-4

图24-5

技术动作3：身体重心移至右脚，双手臂内旋向面前捧起，两掌心向内，左手掌与眼同高，右手掌与胸同高，同时提起左腿，大腿保持水平高度。之后左脚向前迈一步，双手同时外旋。左手掌心向右，指尖与眼同高；右手掌心向左，指尖向前与胸同高。随后两手臂自然下落收于体侧，右脚跟上，两脚成并步，目视前方。如图24-6～图24-8所示。

图24-6

图24-7

图24-8

第二十五式　双撞掌

图25-1

技术动作：两手臂向前伸出，掌心向前与胸同高，右脚向前迈步，脚跟落地成虚步。左脚再向前上一步，两手回收至腰两侧，掌心向上，身体重心移至右脚，继续上右脚成并步，两手掌同时向前撞出，掌心向前与胸同高。如图25-1～图25-3所示。

技术要求：两手臂的运行形成前后完整的立圆。

图25-2

图25-3

第二十六式　带门式

技术动作1：右腿自然抬起保持水平，脚尖自然下垂，两手臂同时外旋下落收至腰两侧，掌心向上，指尖向前。右脚向前迈一步，同时两手掌握拳内旋，从身体两侧向外划弧收至面前，两拳与眼同高，拳眼相对，目视前方。如图26-1～图26-2所示。

技术要求：手臂的动作要与腿部的动作配合协调，动作不能有停动。

图26-1

图26-2

技术动作2：与技术动作1相同，唯左右相反。如图26-3～图26-4所示。

图26-3

图26-4

技术动作3：与技术动作1相同。随后两手臂自然下落收于体侧，左脚跟上两脚成并步，目视前方。如图26-5～图26-7所示。

图26-5

图26-6

图26-7

第二十七式　金鸡独立

图27-1

技术动作1： 身体重心移至右脚，左手、左腿同时抬起，左手臂呈90度，掌心向前与头同高，左腿大腿抬起保持水平，小腿放松，脚尖下垂。如图27-1～图27-2所示。

技术要求： 在手臂和腿同步运动时，要注意身体随之协调地做屈伸运动。

图27-2

技术动作2：与技术动作1相同，唯左右相反。如图27-3～图27-4所示。

图27-3

图27-4

第二十八式　退双掌

图28-1

技术动作：双手臂提起从内向上向前划弧推出，掌心向前，指尖与眼同高，同时右脚向后退一步，身体重心在左脚，目视前方。左脚继续后退一步，身体重心在右脚，双手臂同时外旋向下向后收于腰两侧，掌心向上，指尖向前，目视前方。此动作重复三次。如图28-1～图28-6所示。

技术要求：退步与双手臂的划立圆要协调一致，身体放松随动。

图28-2

图28-3

图28-4

图28-5

图28-6

第二十九式　右开

技术动作：与第八式“右开”技术动作完全相同。如图29-1～图29-2所示。

技术要求：与第八式“右开”技术要求完全相同。

图29-1

图29-2

第三十式　平穿进捶

图30-1

技术动作1：身体右转90度，右手臂在身体正前方与胸同高，掌心向下；左手臂在身体左后方与胯同高，掌心向下。随后左脚向前上一步，左手从左腰部向前穿出，掌心向上与胸同高，同时右手回拉，掌心向下附于左小臂上。如图30-1～图30-2所示。

技术要求：上步与穿掌要协调同步，另一手臂的回拉要形成对称的劲。

图30-2

技术动作2：随后右脚向前上一步同，右手向前穿出，掌心向上与胸同高，同时左手回拉，掌心向下附于右小臂上。如图30-3所示。

图30-3

技术动作3：随后左脚向前上一步，左手向前穿出，掌心向上与胸同高，同时右手回拉，掌心向下附于左小臂上。如图30-4所示。

图30-4

技术动作4：随后左脚向前上一步，右脚上步并脚，左手握拳，拳心向下回屈横于胸前，同时右手握成立拳置于左小臂上。如图30-5所示。

图30-5

第三十一式　如封似闭

技术动作：双拳同时外旋，掌心向上与胸同高，右脚跟上来，双脚成并步。同时双掌内旋，掌心向前推出与胸同高，目视前方。如图31-1～图31-2所示。

技术要求：此动作要小巧灵活，上步推掌要轻柔。

图31-1

图31-2

第三十二式　波浪式

技术动作1：双手臂放松向下向后摆至身体之后，同时右脚向前上一步，脚跟成虚步。随后身体重心移至右脚，双手臂向前摆至体前，掌心向下与腹同高。之后身体重心再移至左脚，双手向内向上回收，掌心向下经肩部再向前伸出，双掌掌心向前与肩同高。如图32-1～图32-4所示。

技术要求：此动作技术小节较多，双手臂的运动与脚的上步动作和身体重心的移动要协调一致。全身动作要松柔和缓，要像波浪一样前后自然摆动，不可出现僵硬机械的分解动作。

图32-1

图32-2

图32-3

图32-4

技术动作2：与技术动作1相同，唯左右相反。如图32-5～图32-8所示。

图32-5

图32-6

图32-7

图32-8

技术动作3：与技术动作1相同。随后两手臂自然下落收于体侧，左脚跟上两脚成并步，目视前方。如图32-9～图32-13所示。

图32-9

图32-10

图32-11

图32-12

图32-13

第三十三式　金鸡独立

技术动作1：身体重心移至左脚，右手、右腿同时抬起，右手臂呈90度，掌心向前与头同高，右腿大腿抬起保持水平，小腿放松，脚尖下垂。如图33-1～图33-2所示。

技术要求：在手臂和腿同步运动时，要注意身体随之协调地做屈伸运动。

图33-1

图33-2

技术动作2：与技术动作1相同，唯左右相反。如图33-3～图33-4所示。

图33-3

图33-4

第三十四式　退双掌

图34-1

技术动作：双手臂提起从内向上向前划弧推出，掌心向前，指尖与眼同高，同时左脚向后退一步，身体重心在右脚，目视前方。右脚继续后退一步，身体重心在右脚，双手臂同时外旋向下向后收于腰两侧，掌心向上，指尖向前，目视前方。此动作重复三次。如图34-1～图34-6所示。

技术要求：退步与双手臂的划立圆要协调一致，身体放松随动。

图34-2

图34-3

图34-4

图34-5

图34-6

第三十五式　左开

技术动作：右手掌下按，同时提起左腿，左手掌心举起向内与眼同高。随之左脚后撤一步，身体左转90度，左右手向下划弧向身体两侧横开，掌心向后。如图35-1～图35-2所示。

技术要求：手臂动作与腿部动作要协调一致，不能停动。

图35-1

图35-2

第三十六式　大鹏式

技术动作：与第六式“大鹏式”技术动作相同。如图36-1～图36-2所示。

技术要求：与第六式“大鹏式”技术要求相同。

图36-1

图36-2

第三十七式　云手

技术动作：与第二十三式“云手”技术动作相同。如图37-1～图37-6所示。

技术要求：与第二十三式“云手”技术要求相同。

图37-1

图37-2

图37-3

图37-4

图37-5

图37-6

第三段

第三十八式	入水式	第四十八式	穿点
第三十九式	退步十字手	第四十九式	击地捶
第四十式	起落式	第五十式	双插掌
第四十一式	十字蹬脚	第五十一式	抽丝
第四十二式	双峰贯耳	第五十二式	扇通臂
第四十三式	双插掌	第五十三式	迎面掌
第四十四式	倒卷肱	第五十四式	四方肘
第四十五式	三切掌	第五十五式	扫地脚
第四十六式	倒卷肱	第五十六式	大鹏式
第四十七式	右开	第五十七式	云手

第三十八式　入水式

技术动作：双手臂自然向上抬起，在胸口两掌心相合，指尖向前伸出，向前走两步再并步，两手臂自然向两侧展开与肩同高，随之两手臂从身体两侧向上捧起，掌心向上，经体前向下伸展，身体随之前屈，使手指尖触地。如图38-1～图38-7所示。

技术要求：双手臂的前伸与向前走两步要配合协调。手臂的向下触地动作要使身体做到最大限度地放松，当手指触地后，身体开始左右晃动，使上身和腿部及时得到放松。

图38-1

图38-2

图38-3

图38-4

图38-5

图38-6

图38-7

第三十九式　退步十字手

技术动作：身体自然抬起保持直立，两手臂在体前交叉成十字手，掌心向内，目视前方。随之保持此动作向后退两步再并步，目视前方。如图39-1～图39-4所示。

技术要求：在做此动作时要注意放松身体，不可出现机械或僵硬现象。

图39-1

图39-2

图39-3

图39-4

第四十式　起落式

技术动作：身体不动，两手掌同时内旋向下，并曲臂开始向两侧缓缓伸展，两手臂与肩同高，掌心向下，目视前方。随之两腿放松，慢慢屈膝使身体下蹲。下蹲时，两手臂随之慢慢下落。当身体蹲到位时，身体保持晃动并放松。之后两腿伸直站起，两手臂也随之自然在身体两侧抬起与肩同高，掌心向下。此动作重复三次。如图40-1～图40-4所示。

技术要求：身体在做起落时，要特别注意腿部的放松。

图40-1

图40-2

图40-3

图40-4

第四十一式　十字蹬脚

技术动作1：身体左转90度，左臂摆至体前，掌心向下与腹同高，右手臂自然落于身体之后，掌心向下与跨同高。之后两手臂在身体前交叉，两掌心向内与腹同高。随后两手臂向内向上外旋举起，在胸前交叉，左手在内、右手在外，两掌心向内。随后提起右腿，然后右脚向前蹬出，同时两手外旋向前推出，掌心向前与胸同高。目视正前方。如图41-1～图41-5所示。

技术要求：转体要自然，蹬脚与推掌要协调，不可有发力现象。

图41-1

图41-2

图41-3

图41-4

图41-5

技术动作2：随后两手臂继续向内向上外旋举起，在胸前交叉，右手在内、左手在外，两掌心向内。随后提起左腿，然后左脚向前蹬出，同时两手外旋向前推出，掌心向前与胸同高。目视正前方。如图41-6～图41-8所示。

图41-6

图41-7

图41-8

技术动作3：与技术动作2相同，唯左右相反。如图41-9～图41-11所示。

图41-9

图41-10

图41-11

第四十二式　双峰贯耳

技术动作1：右脚自然落地成虚步，两手臂内旋，掌心向内与胸同高、与肩同宽，目视前方。随后两手臂向内向下自然落于胯两侧，掌心向上，身体重心落于左脚。之后身体重心前移，双手握拳内旋，从身体两侧划弧线收于体前，拳眼相对，与眼同高、与头同宽，目视前方。如图42-1～图42-3所示。

技术要求：两手臂的划弧贯拳要与身体协调同步，贯拳不可用力。

图42-1

图42-2

图42-3

技术动作2：身体重心落于右脚。随之左脚向前上步，两手臂向内向下自然落于胯两侧，掌心向上。之后双手握拳内旋，从身体两侧划弧线收于体前，拳眼相对，与眼同高、与头同宽，目视前方。如图42-4～图42-5所示。

图42-4

图42-5

技术动作3：与技术动作2相同，唯左右相反。随后两手臂自然下落收于体侧，左脚跟上，两脚成并步，目视前方。如图42-6～图42-8所示。

图42-6

图42-7

图42-8

第四十三式　双插掌

技术动作：两手臂向前伸出，掌心向前与胸同高，右脚向前迈一步，脚跟呈虚步。两手回收至腰两侧，掌心向上，左脚再向前上一步，脚跟呈虚步。随之右脚跟上成并步，两手掌同时向前插出，掌心相对，指尖向前与胸同高，之后双手臂自然下垂收于身体两侧，目视前方。如图43-1～图43-4所示。

技术要求：两手臂的运行形成前后完整的立圆，不可发力，不可停动。

图43-1

图43-2

图43-3

图43-4

第四十四式　倒卷肱

技术动作1：左脚退一步，左手向外划弧摆至身体左前方，掌心向右，指尖向上与眼同高，右手臂保持不动，目视前方。如图44-1所示。

技术要求：腿部动作与摆臂动作要协调，身体要随之摆动。

图44-1

技术动作2：与技术动作1相同，唯左右相反。如图44-2所示。

图44-2

技术动作3：与技术动作1相同。唯左脚收回，两脚呈平行状态。如图44-3所示。

图44-3

第四十五式　三切掌

图45-1

技术动作1：身体微左转，左手内旋收至腹前，掌心向上，右手提起从胸前向前切出，掌心向下，指尖向左，两脚不动，目视前手掌。如图45-1所示。

技术要求：身体微前屈并随手臂的前后切换而摆动，手臂的切换要形成前后的立圆状态，不可停动。

技术动作2：与技术动作1相同，唯左右相反。如图45-2所示。

图45-2

技术动作3：与技术动作1相同。如图45-3所示。

图45-3

第四十六式　倒卷肱

技术动作：与第四十四式“倒卷肱”技术动作完全相同。如图46-1～图

46-3所示。

技术要求：与第四十四式“倒卷肱”技术要求完全相同。

图46-1

图46-2

图46-3

第四十七式　右开

技术动作：与第十三式“右开”技术动作完全相同。如图47-1～图47-2所示。

技术要求：与第十三式“右开”技术要求完全相同。

图47-1

图47-2

第四十八式　穿点

技术动作1：身体右转90度，右手臂摆至体前与腹同高，掌心向下，左手臂自然下落于体后并与胯同高，掌心向下。随后左手臂划弧向前横摆于体前并与右手臂交叉，左手在上、右手在下。之后双手臂外旋收于腰两侧，掌心向上，同时提起左腿，小腿和脚尖自然下垂。然后双手臂同时向前穿出，掌心向上，指尖向前与胸同高，左脚尖同时向前点出，而后左脚自然落地，双掌内旋变立掌前推，目视前方。如图48-1～图48-5所示。

图48-1

技术要求：双手臂的向前穿出要与脚尖的向前点出同步，不可发力，脚的落地与双掌的前推要同步、轻缓。

图48-2

图48-3

图48-4

图48-5

技术动作2：双手臂外旋收于腰两侧，掌心向上，同时提起右腿，小腿和脚尖自然下垂。随后双手臂同时向前穿出，掌心向上，指尖向前与胸同高，右脚尖同时向前点出，之后右脚自然落地，双掌内旋变立掌前推，目视前方。如图48-6～图48-8所示。

图48-6

图48-7

图48-8

技术动作3：与技术动作2相同，唯左右相反。之后双手臂自然下垂收于身体两侧，收右脚成并步，目视前方。如图48-9～图48-12所示。

图48-9

图48-10

图48-11

图48-12

第四十九式　击地捶

技术动作1： 右脚向前上一步，同时双臂握拳向前摆出，与腹同高、与肩同宽，拳心向内，身体重心在前，随后身体重心后移至左脚，两臂外旋回收至身体两侧，拳心向前，之后身体重心再前移至右脚，两手臂同时向前摆出并与腹同高、与肩同宽，拳心向内，身体重心在前，目视前下方。如图49-1～图49-3所示。

技术要求： 上步摆臂与身体重心后移摆臂，形成身体的整体前后摆动，要求放松、自然。

图49-1

图49-2

图49-3

技术动作2：与技术动作1相同，唯左右相反。如图49-4～图49-6所示。

图49-4

图49-5

图49-6

技术动作3：与技术动作1完全相同。之后双手臂自然下垂收于身体两侧，左脚上步双脚成并步，目视前方。如图49-7～图49-10所示。

图49-7

图49-8

图49-9

图49-10

第五十式　双插掌

技术动作：两手臂向前伸出，掌心向前与胸同高，右脚向前迈一步，脚跟成虚步。两手回收至腰两侧，掌心向上，左脚再向前上一步，脚跟成虚步。随之右脚跟上成并步，两手掌同时向前插出，掌心相对，指尖向前与胸同高，目视前方。如图50-1～图50-3所示。

技术要求：两手臂的运行形成前后完整的立圆，不可发力，不可停动。

图50-1

图50-2

图50-3

第五十一式　抽丝

技术动作1：双手握拳，右脚向后退一步，左拳内旋，拳心向下微前伸并与胸同高，右手随右脚退步回收至腰右侧，拳心向上，目视前方。如图51-1所示。

技术要求：退步与手臂的前后动作要协调，双手臂要有前后缠圈的感觉。

图51-1

技术动作2：随后左脚向后退一步，左手臂自然向下回收至腰左侧，拳心向上，右手臂随左脚向后退自然向上向前伸出，拳心向下与胸同高，目视前方。如图51-2所示。

图51-2

技术动作3：与技术动作1相同。随后技术动作2和技术动作3再分别重复一次。如图51-3所示。

图51-3

第五十二式　扇通臂

技术动作：向前上右脚、穿右掌，掌心向上，指尖向前与肩同高，同时左手变掌回收至右手臂内侧，掌心向下，指尖向前，随后右脚尖内扣，身体左转180度，右手上托从右耳侧向前推出，掌心向前，指尖与眼同高。左脚回撤与右脚成并步，左臂收于身体左侧，掌心向内，指尖向下，目视前方。如图52-1～图52-3所示。

技术要求：撤步与身体左转要协调，保持中正平稳。

图52-1

图52-2

图52-3

第五十三式　迎面掌

技术动作：上左脚，左手向前推出，右手收于体侧，上右脚，右手向前推出，左手收于体侧，再上左脚，左手向前推出，右手收于体侧，目视前方。如图53-1～图53-3所示。

技术要求：上步与推手动作要协调一致，不可出现身体前倾现象。

图53-1

图53-2

图53-3

第五十四式　四方肘

技术动作1：右脚向前上步，双脚成平行开立步，两手左掌右拳在胸前合抱，两肘自然落于体侧，之后双手不动，两肘同时左右向上抬起再自然下落。此动作重复三次。如图54-1～图54-6所示。

技术要求：脚的蹬地与腰的转动要协调一致，两臂曲合摆动，着力点在两肘尖。

图54-1

图54-2

图54-3

图54-4

图54-5

图54-6

技术动作2：两手分开握拳，两手臂的大、小手臂曲合，两脚掌转换身体重心，蹬地转腰，带动两手臂前后摆动，目视正前方。两肘摆动的幅度达到水平高度即可。此动作重复五次。如图54-7～图54-8所示。

图54-7

图54-8

第五十五式　扫地脚

技术动作：右脚向后撤一步，右手向后履按至右胯侧，掌心向下，指尖向前，左掌向前推出，掌心向前，指尖与眼同高。之后，以右脚为中心，身体向右旋转180度，左脚轻擦地面扫出，左手掌心旋转向上。随后再以左脚为中心，身体向右继续旋转180度，右脚轻擦地面扫出，两脚平行与肩同宽，两手臂自然摆至身体两侧，右手掌心旋转向上，目视前方，身体重心自然落于两脚之间。如图55-1～图55-3所示。

技术要求：在身体旋转过程中，身体要正中，气势下沉，两脚的扫地动作要协调、灵活有力。

图55-1

图55-2

图55-3

第五十六式　大鹏式

技术动作：与第六式“大鹏式”技术动作相同，唯左右相反。如图56-1～图56-3所示。

技术要求：与第六式“大鹏式”技术要求相同。

图56-1

图56-2

图56-3

第五十七式　云手

技术动作：与第二十三式“云手”技术动作相同。如图57-1～图57-6所示。

技术要求：与第二十三式“云手”技术要求相同。

图57-1

图57-2

图57-3

图57-4

图57-5

图57-6

第四段

第五十八式	左转带	第六十二式	摆袖
第五十九式	右转带	第六十三式	大鹏式
第六十式	退双桨	第六十四式	收势
第六十一式	进双桨		

第五十八式　左转带

技术动作：右手臂屈臂摆至右胸正前方，掌心向上，指尖向左。左手臂曲臂摆至左腹前，手掌心向下，指尖向右，目视左前方，身体向左转走360度，重复三圈。如图58-1～图58-5所示。

技术要求：身体转走时，两手臂保持不动，双腿微曲下沉，眼领身体走动。

图58-1

图58-2

图58-3

图58-4

图58-5

第五十九式　右转带

技术动作：与第五十八式“左转带”技术动作相同，唯方向相反。如图59-1～图59-5所示。

技术要求：与第五十八式“左转带”技术要求相同。

图59-1

图59-2

图59-3

图59-4

图59-5

第六十式　退双桨

技术动作：右脚向后退一步，身体重心移至右脚，两手臂自然抬起，与肩同宽、与肩同高，掌心向后。之后身体重心再移至左脚，两掌心再向前摆动。身体前后连续摆动三次，目视前方。左脚再向后退一步。此动作重复两次。如图60-1～图60-4所示。

技术要求：双手臂随身体摆动而摆动，要形成整体运动。

图60-1

图60-2

图60-3

图60-4

第六十一式　进双桨

技术动作：与第六十式“退双桨”技术动作相同，唯退步改为上步。如

图61-1～图61-4所示。

技术要求：与第六十式“退双浆”技术要求相同。

图61-1

图61-2

图61-3

图61-4

第六十二式　摆袖

技术动作：上左脚，两脚平行开立不动，两手臂向两侧展开，掌心向外与肩同高，之后两手臂自然下落，两手在体前交叉摆至胸前，右手外、左手内，掌心向外，两眼平视前方。此动作重复三次。

如图62-1～图62-5所示。

技术要求：两手臂的摆动要随身体和两腿同时摆动，全身要放松、协调摆动，身体不可僵硬、机械呆板。

图62-1

图62-2

图62-3

图62-4

图62-5

第六十三式　大鹏式

技术动作：与第六式“大鹏式”技术动作相同。如图63-1～图63-3所示。

技术要求：与第六式“大鹏式”技术要求相同。

图63-1

图63-2

图63-3

第六十四式　收势

技术动作： 两手掌掌心向上，右脚向后退一步，两手臂自然划弧向前向下回落于身体两侧，之后左脚再向后退一步，两手臂再向后从身体两侧向上，经过两肩上方，随后两手臂自然划弧向前向下回落于身体两侧，掌心向内，同时收回右脚，与左脚平行同宽站立，随后再将左脚收回与右脚并拢，目视前方。如图64-1～图64-5所示。

技术要求：两脚的后退撤步要与两手臂的划弧动作协调配合，同时身体和手臂全部放松，形成整体的退步划弧运动，身体平稳中正，柔和大气，目光随之收敛，身体重心落于两脚之间，平心静气，收势而立。

图64-1

图64-2

图64-3

图64-4

图64-5

第八章　王宗岳《太极拳论》

太极者，无极而生，阴阳之母也。动之则分，静之则合。无过不及，随曲就伸。人刚我柔谓之走，我顺人背谓之粘。动急则急应，动缓则缓随。虽变化万端，而理唯一贯。由着熟而渐悟懂劲，由懂劲而阶及神明。然非用力之久，不能豁然贯通焉！

虚领顶劲，气沈丹田。不偏不倚，忽隐忽现。左重则左虚，右重则右杳。仰之则弥高，俯之则弥深。进之则愈长，退之则愈促。一羽不能加，蝇虫不能落。人不知我，我独知人。英雄所向无敌，盖皆由此而及也。

斯技旁门甚多，虽势有区别，概不外壮欺弱、慢让快耳！有力打无力，手慢让手快，是皆先天自然之能，非关学力而有为也！察“四两拨千斤”之句，显非力胜；观耄耋能御众之形，快何能为？

立如平准，活似车轮。偏沈则随，双重则滞。每见数年纯功，不能运化者，率皆自为人制，双重之病未悟耳！欲避此病，须知阴阳。粘即是走，走即是粘；阳不离阴，阴不离阳；阴阳相济，方为懂劲。懂劲后，愈练愈精，默识揣摩，渐至从心所欲。

本是“舍己从人”，多误“舍近求远”。所谓“差之毫厘，谬以千里”。学者不可不详辨焉！是为论。

第九章　老子《道德经》

第一章

道可道，非常(为避汉文帝刘恒的讳，改“恒”为“常”)道。名可名，非常名。无名天地之始；有名万物之母。故常无欲以观其妙；常有欲以观其徼。此两者同出而异名，同谓之玄，玄之又玄，众妙之门。

第二章

天下皆知美之为美，斯恶已。皆知善之为善，斯不(不只有一个读音四声，若后面的字也是四声，则变调为二声)善已。故有无相生，难易相成，长短相形，高下相倾，音声相和，前后相随，恒也。是以圣人处无为之事，行不言之教；万物作而弗始，生而弗有，为而弗恃，功成而弗居。夫唯弗居，是以弗去。

第三章

不尚贤，使民不争；不贵难得之货，使民不为盗；不见可欲，使民心不乱。是以圣人之治：虚其心，实其腹，弱其志，强其骨。常使民无知无欲。使夫智者不敢为也。为无为，则无不治。

第四章

道冲而用之或不盈，渊兮似万物之宗。挫其锐，解其纷，和其光，同其尘，湛兮似或存。吾不知谁之子，象帝之先。

第五章

天地不仁，以万物为刍狗；圣人不仁，以百姓为刍狗。天地之间，其犹橐籥乎？虚而不屈，动而愈出。多言数穷，不如守中。

第六章

谷神不死，是谓玄牝。玄牝之门，是谓天地根。绵绵若存，用之不勤。

第七章

天长地久。天地所以能长且久者，以其不自生，故能长生。是以圣人后其身而身先，外其身而身存。非以其无私邪，故能成其私。

第八章

上善若水。水善利万物而不争，处众人之所恶，故几于道。居善地，心善渊，与善仁，言善信，政善治，事善能，动善时。夫唯不争，故无尤。

第九章

持而盈之，不如其已。揣而锐之，不可长保。金玉满堂，莫之能守。富贵而骄，自遗其咎。功遂身退，天之道也。

第十章

载营魄抱一，能无离乎？专气致柔，能如婴儿乎？除玄鉴，能无疵乎？爱国治民，能无为乎？天门开阖，能为雌乎？明白四达，能无知乎？生之畜之，生而不有，为而不恃，长而不宰，是谓玄德。

第十一章

三十辐，共一毂，当其无，有车之用。埏埴以为器，当其无，有器之用。凿户牖以为室，当其无，有室之用。故有之以为利，无之以为用。

第十二章

五色令人目盲，五音令人耳聋，五味令人口爽，驰骋畋猎令人心发狂，难得之货令人行妨。是以圣人为腹不为目，故去彼取此。

第十三章

宠辱若惊，贵大患若身。何谓宠辱若惊？宠为下，得之若惊，失之若惊，是谓宠辱若惊。何谓贵大患若身？吾所以有大患者，为吾有身，及吾无身，吾有何患？故贵以身为天下，若可寄天下；爱以身为天下，若可托天下。

第十四章

视之不见名曰夷，听之不闻名曰希，搏之不得名曰微。此三者，不可致诘，故混而为一。其上不皦，其下不昧。绳绳兮不可名，复归于无物。是谓无状之状，无物之象，是谓惚恍。迎之不见其首，随之不见其后。执古之道，以御今之有。能知古始，是谓道纪。

第十五章

古之善为道者，微妙玄通，深不可识。夫唯不可识，故强为之容：豫兮若冬涉川，犹兮若畏四邻，俨兮其若客，涣兮其若凌释，敦兮其若朴，旷兮其若谷，浑兮其若浊。孰能浊以静之徐清？孰能安以动之徐生？保此道者不欲盈，夫唯不盈，故能蔽而新成。

第十六章

致虚极，守静笃。万物并作，吾以观复。夫物芸芸，各复归其根。归根曰静，静曰复命，复命曰常，知常曰明。不知常，妄作凶。知常容，容乃公，公乃全，全乃天，天乃道，道乃久，没身不殆。

第十七章

太上，不知有之，其次亲而誉之，其次畏之，其次侮之。信不足焉，有不信焉。悠兮其贵言，功成事遂，百姓皆谓我自然。

第十八章

大道废，有仁义；智慧出，有大伪；六亲不和，有孝慈；国家昏乱，有忠臣。

第十九章

绝圣弃智，民利百倍；绝仁弃义，民复孝慈；绝巧弃利，盗贼无有。此三者以为文不足，故令有所属：见素抱朴，少私寡欲。

第二十章

绝学无忧，唯之与阿，相去几何？善之与恶，相去若何？人之所畏，不可不畏。荒兮其未央哉！众人熙熙，如享太牢，如春登台。我独泊兮其未兆，沌沌兮，如婴儿之未孩；傫傫兮，若无所归。众人皆有余，而我独若遗。我愚人之心也哉！俗人昭昭，我独昏昏。俗人察察，我独闷闷。澹兮其若海，飂兮若无止。众人皆有以，而我独顽且鄙。我独异于人，而贵食母。

第二十一章

孔德之容，惟道是从。道之为物，惟恍惟惚。惚兮恍兮，其中有象；恍兮惚兮，其中有物。窈兮冥兮，其中有精；其精甚真，其中有信。自今及古，其名不去，以阅众甫。吾何以知众甫之状哉？以此。

第二十二章

曲则全，枉则直，洼则盈，敝则新，少则得，多则惑。是以圣人抱一为天下式。不自见故明，不自是故彰，不自伐故有功，不自矜故长。夫唯不争，故天下莫能与之争。古之所谓曲则全者，岂虚言哉！诚全而归之。

第二十三章

希言自然。故飘风不终朝，骤雨不终日。孰为此者？天地。天地尚不能久，而况于人乎？故从事于道者，同于道；德者，同于德；失者，同于失。同于道者，道亦乐得之；同于德者，德亦乐得之；同于失者，失亦乐得之。信不足焉，有不信焉。

第二十四章

企者不立，跨者不行，自见者不明，自是者不彰，自伐者无功，自矜者不长。其在道也，曰：余食赘行。物或恶之，故有道者不处。

第二十五章

有物混成，先天地生。寂兮寥兮，独立而不改，周行而不殆，可以为天下母。吾不知其名，强字之曰道，强为之名曰大。大曰逝，逝曰远，远曰反。故道大，天大，地大，人亦大。域中有四大，而王居其一焉。人法地，地法天，天法道，道法自然。

第二十六章

重为轻根，静为躁君。是以圣人终日行不离辎重。虽有荣观，燕处超然。奈何万乘之主，而以身轻天下？轻则失本，躁则失君。

第二十七章

善行无辙迹，善言无瑕谪，善数不用筹策，善闭无关楗而不可开，善结无绳约而不可解。是以圣人常善救人，故无弃人；常善救物，故无弃物，是谓袭明。故善人者，不善人之师；不善人者，善人之资。不贵其师，不爱其资，虽智大迷，是谓要妙。

第二十八章

知其雄，守其雌，为天下溪。为天下溪，常德不离，复归于婴儿。知其白，守其黑，为天下式。为天下式，常德不忒，复归于无极。知其荣，守其辱，为天下谷。为天下谷，常德乃足，复归于朴。朴散则为器，圣人用之，则为官长，故大制不割。

第二十九章

将欲取天下而为之，吾见其不得已。天下神器，不可为也，不可执也。为者败之，执者失之。是以圣人无为，故无败；无执，故无失。故物或行或随，或歔或吹，或强或羸，或载或隳。是以圣人去甚，去奢，去泰。

第三十章

以道佐人主者，不以兵强天下。其事好还。师之所处，荆棘生焉。大军之后，必有凶年。善者果而已，不以取强。果而勿矜，果而勿伐，果而勿骄。果而不得已，果而勿强。物壮则老，是谓不道，不道早已。

第三十一章

夫兵者，不祥之器，物或恶之，故有道者不处。君子居则贵左，用兵则贵右。兵者不祥之器，非君子之器，不得已而用之，恬淡为上。胜而不美，而美之者，是乐杀人。

夫乐杀人者，则不可得志于天下矣。吉事尚左，凶事尚右。偏将军居左，上将军居右，言以丧礼处之。杀人之众，以哀悲泣之，战胜，以丧礼处之。

第三十二章

道常无名，朴虽小，天下莫能臣也。侯王若能守之，万物将自宾。天地相合，以降甘露，民莫之令而自均。始制有名，名亦既有，夫亦将知止，知止所以不殆。譬道之在天下，犹川谷之于江海。

第三十三章

知人者智，自知者明。胜人者有力，自胜者强。知足者富。强行者有志。不失其所者久，死而不亡者寿。

第三十四章

大道泛兮，其可左右。万物恃之以生而不辞，功成不名有。衣养万物而不为主，常无欲，可名于小；万物归焉而不为主，可名为大。以其终不自为大，故能成其大。

第三十五章

执大象，天下往。往而不害，安平太。乐与饵，过客止。道之出口，淡乎其无味，视之不足见，听之不足闻，用之不足既。

第三十六章

将欲歙之，必固张之；将欲弱之，必固强之；将欲废之，必固兴之；将欲夺之，必固与之。是谓微明。柔弱胜刚强。鱼不可脱于渊，国之利器不可以示人。

第三十七章

道常无为而无不为。侯王若能守之，万物将自化。化而欲作，吾将镇之以无名之朴。无名之朴，夫亦将无欲。不欲以静，天下将自定。

第三十八章

上德不德，是以有德；下德不失德，是以无德。上德无为而无以为；下德无为而有以为。上仁为之而无以为；上义为之而有以为。上礼为之而莫之应，则攘臂而扔之。故失道而后德，失德而后仁，失仁而后义，失义而后礼。夫礼者，忠信之薄，而乱之首。前识者，道之华，而愚之始。是以大丈夫处其厚，不居其薄；处其实，不居其华。故去彼取此。

第三十九章

昔之得一者：天得一以清，地得一以宁，神得一以灵，谷得一以盈，万物得一以生，侯王得一以为天下贞。其致之也，天无以清将恐裂，地无以宁将恐废，神无以灵将恐歇，谷无以盈将恐竭，万物无以生将恐灭，侯王无以贵高将恐蹶。故贵以贱为本，高以下为基。是以侯王自称孤、寡、不谷。此非以贱为本邪？非乎？故至誉无誉，不欲琭琭如玉，珞珞如石。

第四十章

反者，道之动，弱者，道之用。天下万物生于有，有生于无。

第四十一章

上士闻道，勤而行之；中士闻道，若存若亡(通忘)；下士闻道，大笑之。不笑，不足以为道。故建言有之：明道若昧，进道若退，夷道若类。上德若谷，大白若辱，广德若不足，建德若偷，质真若渝。大方无隅，大器晚成，大音希声，大象无形，道隐无名。夫唯道，善贷且成。

第四十二章

道生一，一生二，二生三，三生万物。万物负阴而抱阳，冲气以为和。人之所恶，唯孤、寡、不毂，而王公以为称。故物或损之而益，或益之而损。人之所教，我亦教之。强梁者不得其死，吾将以为教父。

第四十三章

天下之至柔，驰骋天下之至坚。无有入无间，吾是以知无为之有益。不言之教，无为之益，天下希及之。

第四十四章

名与身孰亲？身与货孰多？得与亡孰病？是故甚爱必大费，多藏必厚亡。知足不辱，知止不殆，可以长久。

第四十五章

大成若缺，其用不弊。大盈若冲，其用不穷。大直若屈，大巧若拙，大辩若讷。静胜躁，寒胜热。清静为天下正。

第四十六章

天下有道，却走马以粪。天下无道，戎马生于郊。祸莫大于不知足，咎莫大于欲得。故知足之足，常足矣。

第四十七章

不出户，知天下；不窥牖，见天道。其出弥远，其知弥少。是以圣人不行而知，不见而名，不为而成。

第四十八章

为学日益，为道日损。损之又损，以至于无为。无为而无不为。取天下常以无事，及其有事，不足以取天下。

第四十九章

圣人无常心，以百姓心为心。善者，吾善之；不善者，吾亦善之，德(通得)善。信者，吾信之；不信者，吾亦信之，德(通得)信。圣人在天下，歙歙焉，为天下，浑其心，百姓皆注其耳目，圣人皆孩之。

第五十章

出生入死。生之徒，十有三；死之徒，十有三；人之生，动之于死地，亦十有三。

夫何故？以其生生之厚。盖闻善摄生者，陆行不遇兕虎，入军不被甲兵；兕无所投其角，虎无所措其爪，兵无所容其刃。夫何故？以其无死地。

第五十一章

道生之，德畜之，物形之，势成之。是以万物莫不尊道而贵德。道之尊，德之贵，夫莫之命而常自然。故道生之，德畜之。长之育之，亭之毒之，养之覆之。生而不有，为而不恃，长而不宰，是谓玄德。

第五十二章

天下有始，以为天下母。既得其母，以知其子，既知其子，复守其母，没身不殆。塞其兑，闭其门，终身不勤。开其兑，济其事，终身不救。见小曰明，守柔曰强。用其光，复归其明，无遗身殃，是为习常。

第五十三章

使我介然有知，行于大道，唯施是畏。大道甚夷，而民好径。朝甚除，田甚芜，仓甚虚；服文彩，带利剑，厌饮食，财货有余。是谓盗夸。非道也哉！

第五十四章

善建者不拔，善抱者不脱，子孙以祭祀不辍。修之于身，其德乃真；修之于家，其德乃余；修之于乡，其德乃长；修之于国，其德乃丰；修之于天下，其德乃普。故以身观身，以家观家，以乡观乡，以国观国，以天下观天下。吾何以知天下然哉？以此。

第五十五章

含德之厚，比于赤子。毒虫不螫，猛兽不据，攫鸟不搏。骨弱筋柔而握固。未知牝牡之合而全作，精之至也。终日号而不嗄，和之至也。知和曰常，知常曰明。益生曰祥，心使气曰强。物壮则老，谓之不道，不道早已。

第五十六章

知者不言，言者不知。塞其兑，闭其门，挫其锐，解其纷，和其光，同其尘，是谓玄同。故不可得而亲，不可得而疏；不可得而利，不可得而害；不可得而贵，不可得而贱。故为天下贵。

第五十七章

以正治国，以奇用兵，以无事取天下。吾何以知其然哉？以此。天下多忌讳，而民弥贫；民多利器，国家滋昏；人多伎巧，奇物滋起；法令滋彰，盗贼多有。故圣人云：“我无为而民自化，我好静而民自正，我无事而民自富，我无欲而民自朴。”

第五十八章

其政闷闷，其民淳淳；其政察察，其民缺缺。祸兮福之所倚，福兮祸之所伏。孰知其极？其无正。正复为奇，善复为妖。人之迷，其日固久。是以圣人方而不割，廉而不刿，直而不肆，光而不耀。

第五十九章

治人事天，莫若啬。夫唯啬，是谓早服；早服谓之重积德；重积德则无不克，无不克则莫知其极；莫知其极，可以有国；有国之母，可以长久。是谓深根固柢，长生久视之道。

第六十章

治大国，若烹小鲜。以道莅天下，其鬼不神；非其鬼不神，其神不伤人；非其神不伤人，圣人亦不伤人。夫两不相伤，故德交归焉。

第六十一章

大国者下流，天下之牝，天下之交。牝常以静胜牡，以静为下。故大国以下小国，则取小国；小国以下大国，则取大国。故或下以取，或下而取。大国不过欲兼畜人，小国不过欲人事人。夫两者各得其所欲，大者宜为下。

第六十二章

道者万物之奥。善人之宝，不善人之所保。美言可以市尊，美行可以加人。人之不善，何弃之有？故立天子，置三公，虽有拱璧以先驷马，不如坐进此道。古之所以贵此道者何？不曰：以求得，有罪以免邪？故为天下贵。

第六十三章

为无为，事无事，味无味。大小多少，报怨以德。图难于其易，为大于其细；天下难事必作于易，天下大事必作于细。是以圣人终不为大，故能成其大。夫轻诺必寡信，多易必多难。是以圣人犹难之，故终无难矣。

第六十四章

其安易持，其未兆易谋。其脆易泮，其微易散。为之于未有，治之于未乱。合抱之木，生于毫末；九层之台，起于垒土；千里之行，始于足下。为者败之，执者失之。是以圣人无为故无败，无执故无失。民之从事，常于几成而败之。慎终如始，则无败事。是以圣人欲不欲，不贵难得之货；学不学，复众人之所过。以辅万物之自然，而不敢为。

第六十五章

古之善为道者，非以明民，将以愚之。民之难治，以其智多。故以智治国，国之贼；不以智治国，国之福。知此两者亦稽式。常知稽式，是谓玄德。玄德深矣，远矣，与物反矣，然后乃至大顺。

第六十六章

江海所以能为百谷王者，以其善下之，故能为百谷王。是以欲上民，必以言下之。欲先民，必以身后之。是以圣人处上而民不重，处前而民不害。是以天下乐推而不厌，以其不争，故天下莫能与之争。

第六十七章

天下皆谓我道大，似不肖。夫唯大，故似不肖。若肖，久矣其细也夫！我有三宝，持而保之。一曰慈，二曰俭，三曰不敢为天下先。慈故能勇；俭故能广；不敢为天下先，故能成器长。今舍慈且勇，舍俭且广，舍后且先，死矣！夫慈以战则胜，以守则固。天将救之，以慈卫之。

第六十八章

善为士者，不武；善战者，不怒；善胜敌者，不与；善用人者，为之下。是谓不争之德，是谓用人之力，是谓配天，古之极。

第六十九章

用兵有言："吾不敢为主而为客，不敢进寸而退尺。"是谓行无行，攘无臂，扔无敌，执无兵。祸莫大于轻敌，轻敌几丧吾宝。故抗兵相加，哀者胜矣。

第七十章

吾言甚易知，甚易行。天下莫能知，莫能行。言有宗，事有君。夫唯无知，是以不我知。知我者希，则我者贵。是以圣人被褐怀玉。

第七十一章

知不知，尚矣；不知知，病也。圣人不病，以其病病。夫唯病病，是以不病。

第七十二章

民不畏威，则大威至。无狎其所居，无厌其所生。夫唯不厌，是以不厌。是以圣人自知不自见，自爱不自贵。故去彼取此。

第七十三章

勇于敢则杀，勇于不敢则活。此两者，或利或害。天之所恶，孰知其故？是以圣人犹难之。天之道，不争而善胜，不言而善应，不召而自来，繟然而善谋。天网恢恢，疏而不失。

第七十四章

民不畏死，奈何以死惧之？若使民常畏死，而为奇者，吾得执而杀之，孰敢？常有司杀者杀。夫代司杀者杀，是谓代大匠斫。夫代大匠斫者，希有不伤其手矣。

第七十五章

民之饥，以其上食税之多，是以饥。民之难治，以其上之有为，是以难治。民之轻死，以其求生之厚，是以轻死。夫唯无以生为者，是贤于贵生。

第七十六章

人之生也柔弱，其死也坚强。万物草木之生也柔脆，其死也枯槁。故坚强者死之徒，柔弱者生之徒。是以兵强则不胜，木强则折。强大处下，柔弱处上。

第七十七章

天之道，其犹张弓与？高者抑之，下者举之；有余者损之，不足者补之。天之道，损有余而补不足。人之道则不然，损不足以奉有余。孰能有余以奉天下，唯有道者。是以圣人为而不恃，功成而不处，其不欲见贤。

第七十八章

天下莫柔弱于水，而攻坚强者莫之能胜。以其无以易之。弱之胜强，柔之胜刚，天下莫不知，莫能行。是以圣人云："受国之垢，是谓社稷主；受国不祥，是为天下王。"正言若反。

第七十九章

和大怨，必有余怨，安可以为善？是以圣人执左契，而不责于人。有德司契，无德司彻。天道无亲，常与善人。

第八十章

小国寡民。使有什伯之器而不用，使民重死而不远徙。虽有舟舆，无所乘之，虽有甲兵，无所陈之。使民复结绳而用之。甘其食，美其服，安其居，乐其俗。邻国相望，鸡犬之声相闻，民至老死，不相往来。

第八十一章

信言不美，美言不信。善者不辩，辩者不善。知者不博，博者不知。圣人不积，既以为人，己愈有；既以与人，己愈多。天之道，利而不害；圣人之道，为而不争。